2024国家统一法律职业资格考

法考

必刷题

随时～随地～随身练 ④ 民诉法

拓朴法考 编著

中国法制出版社

目 录

专题一　民事诉讼与民事诉讼法 …………………………………………（ 1 ）
专题二　民事诉讼法的基本原则与基本制度 ……………………………（ 2 ）
专题三　诉 ………………………………………………………………（ 7 ）
专题四　主管与管辖 ……………………………………………………（ 13 ）
专题五　当事人 …………………………………………………………（ 23 ）
专题六　诉讼代理人 ……………………………………………………（ 34 ）
专题七　民事证据 ………………………………………………………（ 35 ）
专题八　民事诉讼中的证明 ……………………………………………（ 40 ）
专题九　人民法院调解 …………………………………………………（ 50 ）
专题十　期间、送达 ……………………………………………………（ 54 ）
专题十一　保全和先予执行 ……………………………………………（ 56 ）
专题十二　对妨害民事诉讼行为的强制措施 …………………………（ 60 ）
专题十三　普通程序 ……………………………………………………（ 60 ）
专题十四　简易程序 ……………………………………………………（ 70 ）
专题十五　第二审程序 …………………………………………………（ 74 ）
专题十六　审判监督程序 ………………………………………………（ 82 ）
专题十七　公益诉讼与第三人撤销之诉 ………………………………（ 88 ）
专题十八　特别程序 ……………………………………………………（ 92 ）
专题十九　督促程序 ……………………………………………………（ 95 ）
专题二十　公示催告程序 ………………………………………………（ 98 ）
专题二十一　执行程序 …………………………………………………（100）
专题二十二　涉外民事诉讼程序 ………………………………………（108）
专题二十三　仲裁与仲裁法概述 ………………………………………（110）

专题二十四　仲裁协议 …………………………………………（111）
专题二十五　仲裁程序 …………………………………………（116）
专题二十六　申请撤销仲裁裁决 ………………………………（120）
专题二十七　仲裁裁决的执行与不予执行 ……………………（122）

刷题表	时间	题号	一刷	二刷	题号	一刷	二刷	题号	一刷	二刷	题号	一刷	二刷
		1	AD										

民 诉 法

扫一扫,"码"上做题

微信扫码,即可线上做题、看解析。
多种做题模式:章节自测、单科集训、随机演练等。

专题一 民事诉讼与民事诉讼法

考点1 民事诉讼与民事诉讼法

1. 2023 回忆/多

甲公司拖欠黄某劳动报酬 6 万元,双方经人民调解委员会调解达成协议,甲公司在 1 个月之内向黄某支付 6 万元。1 个月后,甲公司并未支付劳动报酬。关于对黄某的救济方式,下列哪些说法是正确的?①

A. 向劳动争议仲裁委员会申请仲裁

B. 就调解协议直接向法院起诉

C. 持调解协议向法院申请强制执行

D. 持调解协议向法院申请支付令

2. 2017/3/95/任②

2015 年 4 月,居住在 B 市(直辖市)东城区的林剑与居住在 B 市西城区的钟阳(二人系位于 B 市北城区正和钢铁厂的同事)签订了一份借款合同,约定钟阳向林剑借款 20 万元,月息 1%,2017 年 1 月 20 日前连本带息一并返还。合同还约定,如因合同履行发生争议,可向 B 市东城区仲裁委员会仲裁。至 2017 年 2 月,钟阳未能按时履约。2017 年 3 月,二人到正和钢铁厂人民调解委员会(卜称调解委员会)请求调解。调解委员会委派了三位调解员主持纠纷的调解。如调解委员会调解失败,解决的办法有:③

A. 双方自行协商达成和解协议

B. 在双方均同意的情况下,要求林剑居住地的街道居委会的人民调解委

---

① AD ② 指 2017 年/试卷三/第 95 题/不定项——编者注 ③ ABD

· 1 ·

员会组织调解
C. 依据借款合同的约定通过仲裁的方式解决
D. 通过诉讼方式解决

专题二 民事诉讼法的基本原则与基本制度

考点2 民事诉讼基本原则

3. 2022 回忆/单

甲购买了乙公司生产的电热水器,后因质量问题发生纠纷诉至法院。法院组织双方当事人采用线上视频方式质证,乙公司同意,甲明确拒绝。法院遂以甲拒绝理由不正当为由,认为甲放弃了质证的权利。法院的行为直接违反了下列哪一民事诉讼法基本原则?①

A. 对等原则
B. 同等原则
C. 平等原则
D. 在线诉讼原则

4. 2022 回忆/单

黄某通过网上购物平台购买了微尼公司出售的商品,因商品质量发生纠纷,黄某诉至某互联网法院。法院受理后决定线上开庭,微尼公司同意,黄某以其不具备网上开庭条件为由拒绝。关于本案的审理方式,下列哪一说法是正确的?②

A. 法院应依职权适用线上审理
B. 法院应线下开庭审理
C. 可以采取微尼公司线上开庭、黄某线下开庭的方式
D. 本案为互联网购物纠纷,应由互联网法院专属管辖

5. 2014/3/35/单

社会主义法治的价值追求是公平正义,因此必须坚持法律面前人人平等原则。下列哪一民事诉讼基本原则最能体现法律面前人人平等原则的内涵?③

A. 检察监督原则
B. 诚实信用原则
C. 当事人诉讼权利平等原则

① D ② C ③ C

D. 同等原则和对等原则

6. 2014/3/36/单

依法治国要求树立法律权威,依法办事,因此在民事纠纷解决的过程中,各方主体都须遵守法律的规定。下列哪一行为违背了相关法律?①

A. 法院主动对确有错误的生效调解书启动再审
B. 派出所民警对民事纠纷进行调解
C. 法院为下落不明的被告指定代理人参加调解
D. 人民调解委员会主动调解当事人之间的民间纠纷

7. 2014/3/37/单

根据《民事诉讼法》规定的诚信原则的基本精神,下列哪一选项符合诚信原则?②

A. 当事人以欺骗的方法形成不正当诉讼状态
B. 证人故意提供虚假证言
C. 法院根据案件审理情况对当事人提供的证据不予采信
D. 法院对当事人提出的证据任意进行取舍或否定

8. 2013/3/45/单

关于民事诉讼基本原则的表述,下列哪一选项是正确的?③

A. 外国人在我国进行民事诉讼时,与中国人享有同等的诉讼权利义务,体现了当事人诉讼权利平等原则
B. 法院未根据当事人的自认进行事实认定,违背了处分原则
C. 当事人主张的法律关系与法院根据案件事实作出的认定不一致时,根据处分原则,当事人可以变更诉讼请求
D. 环保组织向法院提起公益诉讼,体现了支持起诉原则

9. 2011/3/38/单

关于民事诉讼法基本原则在民事诉讼中的具体体现,下列哪一说法是正确的?④

A. 当事人有权决定是否委托代理人代为进行诉讼,是诉讼权利平等原则的体现
B. 当事人均有权委托代理人代为进行诉讼,是处分原则的体现

---

① C ② C ③ C ④ D

C. 原告与被告在诉讼中有一些不同但相对等的权利,是同等原则的体现

D. 当事人达成调解协议不仅要自愿,内容也不得违法,是法院调解自愿和合法原则的体现

10. 2010/3/88/任

王某与钱某系夫妻,因感情不和王某提起离婚诉讼,一审法院经审理判决不准予离婚。王某不服提出上诉,二审法院经审理认为应当判决离婚,并对财产分割与子女抚养一并作出判决。关于二审法院的判决,下列哪些选项违反了《民事诉讼法》的原则或制度?①

A. 处分原则

B. 辩论原则

C. 两审终审制度

D. 回避制度

11. 2010/3/97/任

丙承租了甲、乙共有的房屋,因未付租金被甲、乙起诉。一审法院判决丙支付甲、乙租金及利息共计10000元,分五个月履行,每月给付2000元。甲、乙和丙均不服该判决,提出上诉:乙请求改判丙一次性支付所欠的租金10000元。甲请求法院判决解除与丙之间租赁关系。丙认为租赁合同中没有约定利息,甲、乙也没有要求给付利息,一审法院不应当判决自己给付利息,请求判决变更一审判决的相关内容。丙还提出,为修缮甲、乙的出租房自己花费了3000元,请求抵销部分租金。

关于一审法院判决丙给付甲、乙利息的做法,下列说法正确的是:②

A. 违背了民事诉讼的处分原则

B. 违背了民事诉讼的辩论原则

C. 违背了民事诉讼的当事人诉讼权利平等原则

D. 违背了民事诉讼的同等原则

12. 2009/3/82/多

关于辩论原则的表述,下列哪些选项是正确的?③

A. 当事人辩论权的行使仅局限于一审程序中开庭审理的法庭调查和法庭辩论阶段

B. 当事人向法院提出起诉状和答辩状是其行使辩论权的一种表现

---

① ABC ② A ③ BD

C. 证人出庭陈述证言是证人行使辩论权的一种表现

D. 督促程序不适用辩论原则

13． 2008/3/38/单

甲向法院起诉,要求判决乙返还借款本金2万元。在案件审理中,借款事实得以认定,同时,法院还查明乙逾期履行还款义务近一年,法院遂根据银行同期定期存款利息,判决乙还甲借款本金2万元,利息520元。关于法院对该案判决的评论,下列哪一选项是正确的?①

A. 该判决符合法律规定,实事求是,全面保护了权利人的合法权益

B. 该判决不符合法律规定,违反了民事诉讼的处分原则

C. 该判决不符合法律规定,违反了民事诉讼的辩论原则

D. 该判决不符合法律规定,违反了民事诉讼的平等原则

考点3 民事诉讼基本制度

14． 2023回忆/多

黄某因侵权纠纷起诉柳某,一审法院适用简易程序,由审判员王某独任审理。后柳某不服一审判决提起上诉,二审法院以基本事实不清为由裁定发回重审。关于重审的程序和审判组织,下列哪些说法是正确的?②

A. 应适用普通程序,王某不得作为合议庭组成人员

B. 应适用简易程序,王某不得作为审判员审理本案

C. 应适用普通程序,由王某之外的其他法官独任审理

D. 应适用普通程序,人民陪审员可以参加合议庭

15． 2016/3/35/单

不同的审判程序,审判组织的组成往往是不同的。关于审判组织的适用,下列哪一选项是正确的?③

A. 适用简易程序审理的案件,当事人不服一审判决上诉后发回重审的,可由审判员独任审判

B. 适用简易程序审理的案件,判决生效后启动再审程序进行再审的,可由审判员独任审判

C. 适用普通程序审理的案件,当事人双方同意,经上级法院批准,可由审判员独任审判

① B ② AD ③ D

D. 适用选民资格案件审理程序的案件,应组成合议庭审理,而且只能由审判员组成合议庭

16. 2015/3/36/单

某区法院审理原告许某与被告某饭店食物中毒纠纷一案。审前,法院书面告知许某合议庭由审判员甲、乙和人民陪审员丙组成时,许某未提出回避申请。开庭后,许某始知人民陪审员丙与被告法定代表人是亲兄弟,遂提出回避申请。关于本案的回避,下列哪一说法是正确的?①

A. 许某可在知道丙与被告法定代表人是亲兄弟时提出回避申请
B. 法院对回避申请作出决定前,丙不停止参与本案审理
C. 应由审判长决定丙是否应回避
D. 法院作出回避决定后,许某可对此提出上诉

17. 2012/3/36/单

唐某作为技术人员参与了甲公司一项新产品研发,并与该公司签订了为期2年的服务与保密合同。合同履行1年后,唐某被甲公司的竞争对手乙公司高薪挖走,负责开发类似的产品。甲公司起诉至法院,要求唐某承担违约责任并保守其原知晓的产品。关于该案的审判,下列哪一说法是正确的?②

A. 只有在唐某与甲公司共同提出申请不公开审理此案的情况下,法院才可以不公开审理
B. 根据法律的规定,该案不应当公开审理,但应公开宣判
C. 法院可以根据当事人的申请不公开审理此案,但应当公开宣判
D. 法院应当公开审理此案并公开宣判

18. 2010/3/37/单

关于回避,下列哪一说法是正确的?③

A. 当事人申请担任审判长的审判人员回避的,应由审委会决定
B. 当事人申请陪审员回避的,应由审判长决定
C. 法院驳回当事人的回避申请,当事人不服而申请复议,复议期间被申请回避人不停止参与本案的审理工作
D. 如当事人申请法院翻译人员回避,可由合议庭决定

① A ② C ③ C

19. 2010/3/38/单

关于合议庭评议案件,下列哪一表述是正确的?①
A. 审判长意见与多数意见不同的,以其意见为准判决
B. 陪审员意见得到支持、形成多数的,可按该意见判决
C. 合议庭意见存在分歧的,也可提交院长审查决定
D. 审判人员的不同意见均须写入笔录

20. 2008/3/83/多

根据我国《民事诉讼法》和相关司法解释的规定,下列关于审判组织的哪些表述是正确的?②
A. 再审程序中只能由审判员组成合议庭
B. 二审法院裁定发回重审的案件,原审法院应当组成合议庭进行审理
C. 法院适用特别程序审理案件,陪审员不参加案件的合议庭
D. 中级法院作为一审法院时,合议庭可以由审判员与陪审员共同组成,作为二审法院时,合议庭则一律由审判员组成

专题三 诉

考点 4 诉讼标的

21. 2021 回忆/单

朱某向杨某借款 20 万元,借期 1 年,双方约定利息 1 万元,到期不归还借款支付罚息 2 万元。后朱某到期未偿还借款,杨某起诉要求朱某归还本金 20 万元,支付利息 2 万元,并要求支付逾期还款的罚息 1 万元。关于本案诉讼标的的数量,下列哪一表述是正确的?③
A. 仅有一个诉讼标的
B. 本金和利息一个诉讼标的,罚息一个诉讼标的
C. 本金一个诉讼标的,利息和罚息一个诉讼标的
D. 本金、利息、罚息共三个诉讼标的

22. 2011/3/37/单

甲因乙久拖房租不付,向法院起诉,要求乙支付半年房租 6000 元。在案件开庭审理前,甲提出书面材料,表示时间已过去 1 个月,乙应将房

---

① D ② BCD ③ A

租增至7000元。关于法院对甲增加房租的要求的处理,下列哪一选项是正确的?①

A. 作为新的诉讼受理,合并审理
B. 作为诉讼标的变更,另案审理
C. 作为诉讼请求增加,继续审理
D. 不予受理,告知甲可以另行起诉

23． 2009/3/37/单

刘某习惯每晚将垃圾袋放在家门口,邻居王某认为会招引苍蝇并影响自己出入家门。王某为此与刘某多次交涉未果,遂向法院提起诉讼,要求刘某不得将垃圾袋放在家门口,以保证自家的正常通行和维护环境卫生。关于本案的诉讼标的,下列哪一选项是正确的?②

A. 王某要求刘某不得将垃圾袋放在家门口的请求
B. 王某要求法院保障自家正常通行权的请求
C. 王某要求刘某维护环境卫生的请求
D. 王某和刘某之间的相邻关系

考点5 诉的分类

24． 2023 回忆/任

甲公司与乙公司签订设备租赁合同,后甲公司发现乙公司违规使用设备,遂函告知乙公司须按章操作,乙公司未予理会。甲公司提起诉讼,请求法院确认乙公司违规使用设备,解除双方之间的设备租赁合同,判令乙公司返还设备并支付违约金。关于本案诉的类型,下列表述正确的是:③

A. 请求确认违规使用设备是确认之诉
B. 请求解除设备租赁合同是形成之诉
C. 请求返还设备是给付之诉
D. 请求支付违约金是给付之诉

25． 2015/3/37/单

李某驾车不慎追尾撞坏刘某轿车,刘某向法院起诉要求李某将车修好。在诉讼过程中,刘某变更诉讼请求,要求李某赔偿损失并赔礼道歉。针对本案的诉讼请求变更,下列哪一说法是正确的?④

---

① C ② D ③ CD ④ D

· 8 ·

A. 该诉的诉讼标的同时发生变更
B. 法院应依法不允许刘某变更诉讼请求
C. 该诉成为变更之诉
D. 该诉仍属给付之诉

26. (2013/3/37/单)

关于诉的分类的表述,下列哪一选项是正确的?①
A. 孙某向法院申请确认其妻无民事行为能力,属于确认之诉
B. 周某向法院申请宣告自己与吴某的婚姻无效,属于变更之诉
C. 张某在与王某协议离婚后,又向法院起诉,主张离婚损害赔偿,属于给付之诉
D. 赵某代理女儿向法院诉请前妻将抚养费从每月 1000 元增加为 2000 元,属于给付之诉

27. (2008/3/86/任) 新法改编

关于诉的种类的表述,下列哪些选项是正确的?②
A. 甲公司以乙公司订立合同时存在欺诈为由,诉至法院要求撤销合同,属于变更之诉
B. 甲公司以乙公司的履行不符合约定为由,诉至法院要求乙公司继续履行,属于给付之诉
C. 甲向法院起诉乙,要求返还借款 1000 元,乙称自己根本没有向甲借过钱,该诉讼属于确认之诉
D. 甲公司起诉乙公司,要求乙公司立即停止施工或采取有效措施降低噪音,属于变更之诉

考点6 反诉

28. (2019 回忆/单)

甲起诉乙,审理过程中乙提起反诉。后甲撤回起诉,法院以原告撤回起诉为由裁定驳回了乙的反诉。乙对该裁定不服,提起上诉,二审法院应当如何处理?③
A. 组织当事人调解,调解不成,告知另行起诉
B. 裁定驳回上诉,维持原裁定
C. 撤销原裁定,同时发回重审

① C ② AB ③ D

D. 撤销原裁定,同时指定原审法院审理

29. 2014/3/43/单

刘某与曹某签订房屋租赁合同,后刘某向法院起诉,要求曹某依约支付租金。曹某向法院提出的下列哪一主张可能构成反诉?①

A. 刘某的支付租金请求权已经超过诉讼时效
B. 租赁合同无效
C. 自己无支付能力
D. 自己已经支付了租金

30. 2013/3/80/多

关于反诉,下列哪些表述是正确的?②

A. 反诉的原告只能是本诉的被告
B. 反诉与本诉必须适用同一种诉讼程序
C. 反诉必须在答辩期届满前提出
D. 反诉与本诉之间须存在牵连关系,因此必须源于同一法律关系

31. 2012/3/80/多

关于反诉,下列哪些表述是正确的?③

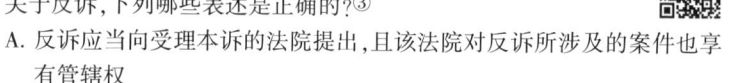

A. 反诉应当向受理本诉的法院提出,且该法院对反诉所涉及的案件也享有管辖权
B. 反诉中的诉讼请求是独立的,它不会因为本诉的撤销而撤销
C. 反诉如果成立,将产生本诉的诉讼请求被依法驳回的法律后果
D. 本诉与反诉的当事人具有同一性,因此,当事人在本诉与反诉中诉讼地位是相同的

32. 2012/3/100/任

2009年2月,家住甲市A区的赵刚向家住甲市B区的李强借了5000元,言明2010年2月之前偿还。到期后赵刚一直没有还钱。

2010年3月,李强找到赵刚家追讨该债务,发生争吵。赵刚因所牵宠物狗易受惊,遂对李强说:"你不要大声喊,狗会咬你。"李强不理,仍然叫骂,并指着狗叫喊。该狗受惊,扑向李强并将其咬伤。李强治伤花费6000元。

李强起诉要求赵刚返还欠款5000元、支付医药费6000元,并向法院提交

---

① B ② AB ③ AB

刷题表	时间	题号	一刷	二刷	题号	一刷	二刷	题号	一刷	二刷	题号	一刷	二刷

了赵刚书写的借条、其向赵刚转账5000元的银行转账凭证、本人病历、医院的诊断书(复印件)、医院处方(复印件)、发票等。

赵刚称,其向李强借款是事实,但在2010年1月卖给李强一块玉石,价值5000元,说好用玉石货款清偿借款。当时李强表示同意,并称之后会把借条还给赵刚,但其一直未还该借条。

赵刚还称,李强故意激怒狗,被狗咬伤的责任应由李强自己承担。对此,赵刚提交了邻居孙某出具的书面证词,该证词描述了李强当时骂人和骂狗的情形。

赵刚认为,李强提交的诊断书、医院处方均为复印件,没有证明力。

关于赵刚"用玉石货款清偿借款"的辩称,下列选项正确的是:①
A. 将该辩称作为赵刚偿还借款的反驳意见来审查,审查的结果可以作为判决的根据
B. 赵刚应当以反诉的形式提出请求,法院可以与本诉合并进行审理
C. 赵刚必须另行起诉,否则法院不予处理
D. 赵刚既可以反诉的形式提出,也可另行起诉

33. 2010/3/100/任

丙承租了甲、乙共有的房屋,因未付租金被甲、乙起诉。一审法院判决丙支付甲、乙租金及利息共计10000元,分五个月履行,每月给付2000元。甲、乙和丙均不服该判决,提出上诉:乙请求改判丙一次性支付所欠的租金10000元。甲请求法院判决解除与丙之间租赁关系。丙认为租赁合同中没有约定利息,甲、乙也没有要求给付利息,一审法院不应当判决自己给付利息,请求判决变更一审判决的相关内容。丙还提出,为修缮甲、乙的出租房自己花费了3000元,请求抵销部分租金。

关于丙提出用房屋修缮款抵销租金的请求,二审法院正确的处理办法是:②
A. 查明事实后直接判决
B. 不予审理
C. 经当事人同意进行调解解决,调解不成的,发回重审
D. 经当事人同意进行调解解决,调解不成的,告知丙另行起诉

34. 2009/3/36/单

甲公司起诉要求乙公司交付货物。被告乙公司向法院主张合同

① BD ② D

| 刷题表 | 时 间 | 题号 | 一刷 | 二刷 | 题号 | 一刷 | 二刷 | 题号 | 一刷 | 二刷 | 题号 | 一刷 | 二刷 |

无效,应由原告甲公司承担合同无效的法律责任。关于本案被告乙公司主张的性质,下列哪一说法是正确的?①

A. 该主张构成了反诉
B. 该主张是一种反驳
C. 该主张仅仅是一种事实主张
D. 该主张是一种证据

考点7 诉的合并与分离

35．2022 回忆/多

乙向甲借款100万元逾期未还。甲认为乙与丙恶意串通,通过虚假交易方式将乙的财产转移至丙名下,遂向法院起诉,请求判决撤销乙和丙之间的买卖合同,并判令丙将买卖合同所涉款项交付给自己,用于偿还乙拖欠的债务。关于甲向法院提出的请求之间的关系,下列哪些说法是正确的?②

A. 诉的主体合并
B. 诉的客体合并
C. 诉的重叠合并
D. 诉的预备合并

36．2012/3/97/任

2009年2月,家住甲市A区的赵刚向家住甲市B区的李强借了5000元,言明2010年2月之前偿还。到期后赵刚一直没有还钱。

2010年3月,李强找到赵刚来追讨该债务,发生争吵。赵刚因所牵宠物狗易受惊,遂对李强说:"你不要大声喊,狗会咬你。"李强不理,仍然叫骂,并指着狗叫喊。该狗受惊,扑向李强并将其咬伤。李强治伤花费6000元。

李强起诉要求赵刚返还欠款5000元、支付医药费6000元,并向法院提交了赵刚书写的借条、其向赵刚转账5000元的银行转账凭证、本人病历、医院的诊断书(复印件)、医院处方(复印件)、发票等。

赵刚称,其向李强借款是事实,但在2010年1月卖给李强一块玉石,价值5000元,说好用玉石货款清偿借款。当时李强表示同意,并称之后会把借条还给赵刚,但其一直未还该借条。

赵刚还称,李强故意激怒狗,被狗咬伤的责任应由李强自己承担。对此,赵刚提交了邻居孙某出具的书面证词,该证词描述了李强当时骂人和骂狗的情形。

① A ② BD

赵刚认为,李强提交的诊断书、医院处方均为复印件,没有证明力。

关于法院对李强提出的返还欠款5000元和支付医药费6000元的诉讼审理,下列选项正确的是:①

A. 可以分别审理,分别作出判决
B. 可以合并审理,一起作出判决
C. 可以合并审理,分别作出判决
D. 必须分别审理,分别作出判决

专题四 主管与管辖

考点8 管辖概述

37. 2014/3/39/单

关于管辖,下列哪一表述是正确的?②

A. 军人与非军人之间的民事诉讼,都应由军事法院管辖,体现了专门管辖的原则
B. 中外合资企业与外国公司之间的合同纠纷,应由中国法院管辖,体现了维护司法主权的原则
C. 最高法院通过司法解释授予部分基层法院专利纠纷案件初审管辖权,体现了平衡法院案件负担的原则
D. 不动产纠纷由不动产所在地法院管辖,体现了管辖恒定的原则

考点9 级别管辖

38. 2015/3/77/多

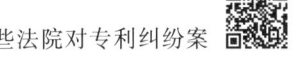

根据《民事诉讼法》相关司法解释,下列哪些法院对专利纠纷案件享有管辖权?③

A. 知识产权法院 B. 所有的中级法院
C. 最高法院确定的中级法院 D. 最高法院确定的基层法院

39. 2012/3/78/多

根据《民事诉讼法》和司法解释的相关规定,关于级别管辖,下列哪些表述是正确的?④

---
① AC ② C ③ ACD ④ BC

A. 级别管辖不适用管辖权异议制度
B. 案件被移送管辖有可能是因为受诉法院违反了级别管辖的规定而发生的
C. 管辖权转移制度是对级别管辖制度的变通和个别的调整
D. 当事人可以通过协议变更案件的级别管辖

40. 2011/3/39/单

根据《民事诉讼法》和相关司法解释,关于中级法院,下列哪一表述是正确的?①

A. 既可受理一审涉外案件,也可受理一审非涉外案件
B. 审理案件组成合议庭时,均不可邀请陪审员参加
C. 审理案件均须以开庭审理的方式进行
D. 对案件所作出的判决均为生效判决

41. 2009/3/35/单

关于民事案件的级别管辖,下列哪一选项是正确的?②

A. 第一审民事案件原则上由基层法院管辖
B. 涉外案件的管辖权全部属于中级法院
C. 高级法院管辖的一审民事案件包括在本辖区内有重大影响的民事案件和它认为应当由自己审理的案件
D. 最高法院仅管辖在全国有重大影响的民事案件

考点10 地域管辖

42. 2022 回忆/任

A区的甲公司与B区的乙公司签订买卖合同,约定合同履行地为C区,若合同履行发生纠纷向守约方所在地法院起诉。后双方因商品质量发生纠纷,甲公司声称自己是守约方,向A区法院起诉乙公司。乙公司在答辩期内提出管辖权异议,主张自己才是守约方,应当由B区法院管辖。关于本案的管辖法院,下列说法正确的是:③

A. 可由A区法院管辖
B. 可由B区法院管辖
C. 可由C区法院管辖
D. 因双方都可能是守约方,A、B区法院均有管辖权

---

① A ② A ③ BC

| 刷题表 | 时 间 | 题号 | 一刷 | 二刷 | 题号 | 一刷 | 二刷 | 题号 | 一刷 | 二刷 | 题号 | 一刷 | 二刷 |

43． 2021 回忆/单

A 区的甲公司与 B 区的乙公司签订合同,约定合同履行地在 C 区。两公司随后又达成补充协议,约定发生纠纷由 C 区法院管辖。后经乙公司同意,甲公司将合同转让给 D 区的丙公司,丙公司对补充协议并不知情。后丙公司起诉乙公司要求履行合同,乙公司主张转让合同无效。关于本案,下列哪一法院有管辖权?①

A. A 区法院 B. B 区法院
C. C 区法院 D. D 区法院

44． 2021 回忆/多

曹某向詹某借款 10 万元,双方约定合同履行发生纠纷由曹某所在地的甲法院管辖,后詹某又与宁某就该笔借款签订保证合同,约定合同履行发生纠纷由宁某所在地的乙法院管辖。后因曹某拖欠借款发生纠纷,詹某提起诉讼。下列哪些选项是正确的?②

A. 起诉曹某和宁某,应由甲法院管辖
B. 起诉曹某和宁某,应由乙法院管辖
C. 单独起诉曹某,应由甲法院管辖
D. 单独起诉宁某,应由乙法院管辖

45． 2016/3/77/多

A 市东区居民朱某(男)与 A 市西县刘某结婚,婚后双方住 A 市东区。一年后,公司安排刘某赴 A 市南县分公司工作。三年之后,因感情不和朱某向 A 市东区法院起诉离婚。东区法院受理后,发现刘某经常居住地在南县,其对该案无管辖权,遂裁定将案件移送南县法院。南县法院收到案件后,认为无管辖权,将案件移送刘某户籍所在地西县法院。西县法院收到案件后也认为无管辖权。关于本案的管辖问题,下列哪些说法是正确的?③

A. 东区法院有管辖权
B. 南县法院有管辖权
C. 西县法院有管辖权
D. 西县法院认为自己没有管辖权,应当裁定移送有管辖权的法院

46． 住所地在 H 省 K 市 L 区的甲公司与住所地在 F 省 E 市 D 区的乙公司签订了一份钢材买卖合同,价款数额为 90 万元。合同在 B 市 C 区签订,双

---

① B ② ACD ③ AB

| 刷题表 | 时 间 | 题号 | 一刷 | 二刷 | 题号 | 一刷 | 二刷 | 题号 | 一刷 | 二刷 | 题号 | 一刷 | 二刷 |

方约定合同履行地为W省Z市Y区,同时约定如因合同履行发生争议,由B市仲裁委员会仲裁。合同履行过程中,因钢材质量问题,甲公司与乙公司发生争议,甲公司欲申请仲裁解决。因B市有两个仲裁机构,分别为丙仲裁委员会和丁仲裁委员会(两个仲裁委员会所在地都在B市C区),乙公司认为合同中的仲裁条款无效,欲向有关机构申请确认仲裁条款无效。

请回答第(1)、(2)题。

(1) 2016/3/96/任

如相关机构确认仲裁条款无效,甲公司欲与乙公司达成协议,确定案件的管辖法院。关于双方可以协议选择的管辖法院,下列选项正确的是:①

A. H省K市L区法院
B. F省E市D区法院
C. B市C区法院
D. W省Z市Y区法院

(2) 2016/3/97/任

如仲裁条款被确认无效,甲公司与乙公司又无法达成新的协议,甲公司欲向法院起诉乙公司。关于对本案享有管辖权的法院,下列选项正确的是:②

A. H省K市L区法院
B. F省E市D区法院
C. W省Z市Y区法院
D. B市C区法院

47. 2015/3/95/任

主要办事机构在A县的五环公司与主要办事机构在B县的四海公司于C县签订购货合同,约定:货物交付地在D县;若合同的履行发生争议,由原告所在地或者合同签订地的基层法院管辖。现五环公司起诉要求四海公司支付货款。四海公司辩称已将货款交给五环公司业务员付某。五环公司承认付某是本公司业务员,但认为其无权代理本公司收取货款,且付某也没有将四海公司声称的货款交给本公司。四海公司向法庭出示了盖有五环公司印章的授权委托书,证明付某有权代理五环公司收取货款,但五环公司对该授权书的真实性不予认可。根据案情,法院依当事人的申请通知付某参

① ABCD ② BC

加(参与)了诉讼。

对本案享有管辖权的法院包括：①

A. A县法院　　　　　　　B. B县法院
C. C县法院　　　　　　　D. D县法院

48. 2014/3/96/任

甲县的葛某和乙县的许某分别拥有位于丙县的云峰公司50%的股份。后由于二人经营理念不合，已连续四年未召开股东会，无法形成股东会决议。许某遂向法院请求解散公司，并在法院受理后申请保全公司的主要资产(位于丁县的一块土地的使用权)。

依据法律，对本案享有管辖权的法院是：②

A. 甲县法院　　　　　　　B. 乙县法院
C. 丙县法院　　　　　　　D. 丁县法院

49. 2009年2月，家住甲市A区的赵刚向家住甲市B区的李强借了5000元，言明2010年2月之前偿还。到期后赵刚一直没有还钱。

2010年3月，李强找到赵刚家追讨该债务，发生争吵。赵刚因所牵宠物狗易受惊，遂对李强说："你不要大声喊，狗会咬你。"李强不理，仍然叫骂，并指着狗叫喊。该狗受惊，扑向李强并将其咬伤。李强治伤花费6000元。

李强起诉要求赵刚返还欠款5000元、支付医药费6000元，并向法院提交了赵刚书写的借条，其向赵刚转账5000元的银行转账凭证、本人病历、医院的诊断书(复印件)、医院处方(复印件)、发票等。

赵刚称，其向李强借款是事实，但在2010年1月卖给李强一块玉石，价值5000元，说好用玉石货款清偿借款。当时李强表示同意，并之后会把借条还给赵刚，但其一直未还该借条。

赵刚还称，李强故意激怒狗，被狗咬伤的责任应由李强自己承担。对此，赵刚提交了邻居孙某出具的书面证词，该证词描述了李强当时骂人和骂狗的情形。

赵刚认为，李强提交的诊断书、医院处方均为复印件，没有证明力。

请回答第(1)、(2)题。

(1) 2012/3/95/任

关于李强与赵刚之间欠款的诉讼管辖，下列选项正确的是：③

① AC　② C　③ AB

A. 甲市 A 区法院
B. 甲市 B 区法院
C. 甲市中级法院
D. 应当专属甲市 A 区法院

（2） 2012/3/96/任

关于李强要求赵刚支付医药费的诉讼管辖,下列选项正确的是:①

A. 甲市 A 区法院
B. 甲市 B 区法院
C. 甲市中级法院
D. 应当专属甲市 A 区法院

50． 2009/3/98/任

常年居住在 Y 省 A 县的王某早年丧妻,独自一人将两个儿子和一个女儿养大成人。大儿子王甲居住在 Y 省 B 县,二儿子王乙居住在 Y 省 C 县,女儿王丙居住在 W 省 D 县。2000 年以来,王某的日常生活费用主要来自大儿子王甲每月给的 800 元生活费。2003 年 12 月,由于物价上涨,王某要求二儿子王乙每月也给一些生活费,但王乙以自己没有固定的工作、收入不稳定为由拒绝。于是,王某将王乙告到法院,要求王乙每月支付给自己赡养费 500 元。

关于对本案享有管辖权的法院,下列选项正确的是:②

A. Y 省 A 县法院　　　　B. Y 省 B 县法院
C. Y 省 C 县法院　　　　D. W 省 D 县法院

考点 11 裁定管辖

51． 2014/3/78/多

根据《民事诉讼法》和相关司法解释的规定,法院的下列哪些做法是违法的?③

A. 在一起借款纠纷中,原告张海起诉被告李河时,李河居住在甲市 A 区。A 区法院受理案件后,李河搬到甲市 D 区居住,该法院知悉后将案件移送 D 区法院

---

① A　② ABCD　③ ABC

B. 王丹在乙市 B 区被黄玫打伤,以为黄玫居住乙市 B 区,而向该区法院提起侵权诉讼。乙市 B 区法院受理后,查明黄玫的居住地是乙市 C 区,遂将案件移送乙市 C 区法院
C. 丙省高院规定,本省中院受理诉讼标的额 1000 万元至 5000 万元的财产案件。丙省 E 市中院受理一起标的额为 5005 万元的案件后,向丙省高院报请审理该案
D. 居住地为丁市 H 区的孙溪要求居住地为丁市 G 区的赵山依约在丁市 K 区履行合同。后因赵山下落不明,孙溪以赵山为被告向丁市 H 区法院提起违约诉讼,该法院以本院无管辖权为由裁定不予受理

52. 2013/3/79/多

关于管辖制度的表述,下列哪些选项是不正确的?①
A. 对下落不明或者宣告失踪的人提起的民事诉讼,均应由原告住所地法院管辖
B. 因共同海损或者其他海损事故请求损害赔偿提起的诉讼,被告住所地法院享有管辖权
C. 甲区法院受理某技术转让合同纠纷案后,发现自己没有级别管辖权,将案件移送至甲市中院审理,这属于管辖权的转移
D. 当事人可以书面约定纠纷的管辖法院,这属于选择管辖

53. 2010/3/39/单

某省甲市 A 区法院受理一起保管合同纠纷案件,根据被告管辖权异议,A 区法院将案件移送该省乙市 B 区法院审理。乙市 B 区法院经审查认为,A 区法院移送错误,本案应归甲市 A 区法院管辖,发生争议。关于乙市 B 区法院的做法,下列哪一选项是正确的?②
A. 将案件退回甲市 A 区法院
B. 将案件移送同级第三方法院管辖
C. 报请乙市中级法院指定管辖
D. 与甲市 A 区法院协商不成,报请该省高级法院指定管辖

54. 2009/3/80/多

2008 年 7 月,家住 A 省的陈大因赡养费纠纷,将家住 B 省甲县的儿子陈小诉至甲县法院,该法院受理了此案。2008 年 8 月,经政府正式批准,

① ABCD ② D

| 刷题表 | 时 间 | 题号 | 一刷 | 二刷 | 题号 | 一刷 | 二刷 | 题号 | 一刷 | 二刷 | 题号 | 一刷 | 二刷 |

陈小居住的甲县所属区域划归乙县管辖。甲县法院以管辖区域变化对该案不再具有管辖权为由,将该案移送至乙县法院。乙县法院则根据管辖恒定原则,将案件送还至甲县法院。下列哪些说法是正确的?①

A. 乙县法院对该案没有管辖权
B. 甲县法院的移送管辖是错误的
C. 乙县法院不得将该案送还甲县法院
D. 甲县法院对该案没有管辖权

55. 2008/3/82/多

李某在甲市 A 区新购一套住房,并请甲市 B 区的装修公司对其新房进行装修。在装修过程中,装修工人不慎将水管弄破,导致楼下住户的家具被淹毁。李某与该装修公司就赔偿问题交涉未果,遂向甲市 B 区法院起诉。B 区法院认为该案应由 A 区法院审理,于是裁定将该案移送至 A 区法院,A 区法院认为该案应由 B 区法院审理,不接受移送,又将案件退回 B 区法院。关于本案的管辖,下列哪些选项是正确的?②

A. 甲市 A、B 区法院对该案都有管辖权
B. 李某有权向甲市 B 区法院起诉
C. 甲市 B 区法院的移送管辖是错误的
D. A 区法院不接受移送,将案件退回 B 区法院是错误的

考点12 管辖权异议

56. 2018 回忆/单

张某想在乙区买一个店铺,和甲县的赵某签订了中介合同,经赵某联系,张某和乙区的孙某签订了店铺买卖合同。后孙某不肯交房并办理过户,张某将赵某、孙某起诉到甲县法院,要求交付店铺、办理过户。甲县法院判决孙某交付店铺、办理过户,以赵某不是适格被告为由判决驳回张某对赵某的诉讼请求。孙某不服上诉,认为既然赵某不是适格被告,那么赵某的住所地甲县法院就没有管辖权,故而在二审中提出管辖权异议。二审法院应当如何处理?③

A. 移送管辖
B. 指定管辖
C. 对管辖权异议不予审查

① ABC ② ABCD ③ C

D. 撤销原判,发回重审

57. 2017/3/36/单

住所在 A 市 B 区的甲公司与住所在 A 市 C 区的乙公司签订了一份买卖合同,约定履行地为 D 县。合同签订后尚未履行,因货款支付方式发生争议,乙公司诉至 D 县法院。甲公司就争议的付款方式提交了答辩状。经审理,法院判决甲公司败诉。甲公司不服,以一审法院无管辖权为由提起上诉,要求二审法院撤销一审判决,驳回起诉。关于本案,下列哪一表述是正确的?①

A. D 县法院有管辖权,因 D 县是双方约定的合同履行地
B. 二审法院对上诉人提出的管辖权异议不予审查,裁定驳回异议
C. 二审法院应裁定撤销一审判决,发回一审法院重审
D. 二审法院应裁定撤销一审判决,裁定将案件移送有管辖权的法院审理

58. 2016/3/78/多

法院受理案件后,被告提出管辖异议,依据法律和司法解释规定,其可以采取下列哪些救济措施?②

A. 向受诉法院提出管辖权异议,要求受诉法院对管辖权的归属进行审查
B. 向受诉法院的上级法院提出异议,要求上级法院对案件的管辖权进行审查
C. 在法院对管辖异议驳回的情况下,可以对该裁定提起上诉
D. 在法院对案件审理终结后,可以以管辖错误作为法定理由申请再审

59. 2011/3/95/任

2011 年 7 月 11 日,A 市升湖区法院受理了黎明丽(女)诉张成功(男)离婚案。7 月 13 日,升湖区法院向张成功送达了起诉状副本。7 月 18 日,张成功向升湖区法院提交了答辩状,未对案件的管辖权提出异议。8 月 2 日,张成功向升湖区法院提出管辖权异议申请,称其与黎明丽已分居 2 年,分别居住于 A 市安平区各自父母家中。A 市升湖区法院以申请管辖权异议超过申请期限为由,裁定驳回张成功管辖权异议申请。后,升湖区法院查明情况,遂裁定将案件移送安平区法院。安平区法院接受移送,确定适用简易程序审理此案。

安平区法院在案件开庭审理时组织调解。

---

① B ② AC

| 刷题表 | 时　间 | 题号 | 一刷 | 二刷 | 题号 | 一刷 | 二刷 | 题号 | 一刷 | 二刷 | 题号 | 一刷 | 二刷 |

黎明丽声称:2005年12月,其与张成功结婚,后因张成功有第三者陈佳,感情已破裂,现要求离婚。黎明丽提出,离婚后儿子张好帅由其行使监护权,张成功每月支付抚养费1500元。现双方存款36万元(存折在张成功手中),由2人平分,生活用品归各自所有,不存在其他共有财产分割争议。

张成功承认:2005年12月,其与黎明丽结婚,自己现在有了第三者,36万元存款在自己手中,同意离婚,同意生活用品归各自所有,同意不存在其他共有财产分割争议。不同意支付张好帅抚养费,因其是黎明丽与前男友所生。

黎明丽承认:张好帅是其与前男友所生,但在户籍登记上,张成功与张好帅为父子关系,多年来父子相称,形成事实上的父子关系,故要求张成功支付抚养费。

调解未能达成协议。在随后的庭审中,黎明丽坚持提出的请求;张成功对调解中承认的多数事实和同意的请求予以认可,但否认了有第三者一事,仍不同意支付张好帅抚养费。黎明丽要求法院通知第三者陈佳以无独立请求权的第三人身份参加诉讼。

安平区法院作出判决:解除黎明丽、张成功婚姻关系;张好帅由黎明丽行使监护权,张成功每月支付抚养费700元;存款双方平分,生活用品归个人所有,不存在其他共有财产分割争议。法院根据调解中被告承认自己有第三者的事实,认定双方感情破裂,张成功存在过失。

关于本案管辖,下列选项正确的是:①

A. 张成功行使管辖异议权符合法律的规定

B. 张成功主张管辖异议的理由符合法律规定

C. 升湖区法院驳回张成功的管辖异议符合法律规定

D. 升湖区法院对案件进行移送符合法律规定

60． 2010/3/50/单

红光公司起诉蓝光公司合同纠纷一案,A市B区法院受理后,蓝光公司提出管辖权异议,认为本案应当由A市中级法院管辖。B区法院裁定驳回蓝光公司异议,蓝光公司提起上诉。此时,红光公司向B区法院申请撤诉,获准。关于本案,下列哪一选项是正确的?②

A. B区法院裁定准予撤诉是错误的,因为蓝光公司已经提起上诉

B. 红光公司应当向A市中级法院申请撤诉,并由其裁定是否准予撤诉

---

① BC(原答案为BCD)　② D

C. B区法院应当待A市中级法院就蓝光公司的上诉作出裁定后,再裁定是否准予撤诉
D. B区法院裁定准予撤诉后,二审法院不再对管辖权异议的上诉进行审查

专题五　当事人

考点13　当事人概述(当事人能力、当事人适格、当事人权利义务)

61．2022 回忆/多

张某驾车将行人秦某撞倒,经查,张某所驾车辆系刘某所有,某日被金某盗窃后金某将车出借给张某。现秦某拟提起诉讼,关于起诉,下列哪些选项是正确的?①

A. 以张某为被告向法院提起诉讼
B. 以金某为被告向法院提起诉讼
C. 以刘某为被告向法院提起诉讼
D. 张某、金某为被告向法院提起诉讼

62．2014/3/81/多

根据民事诉讼理论和相关法律法规,关于当事人的表述,下列哪些选项是正确的?②

A. 依法解散、依法被撤销的法人可以自己的名义作为当事人进行诉讼
B. 被宣告为无行为能力的成年人可以自己的名义作为当事人进行诉讼
C. 不是民事主体的非法人组织依法可以自己的名义作为当事人进行诉讼
D. 中国消费者协会可以自己的名义作为当事人,对侵害众多消费者权益的企业提起公益诉讼

63．2013/3/38/单　新法改编

关于当事人能力和正当当事人的表述,下列哪一选项是正确的?③

A. 一般而言,应以当事人是否对诉讼标的有确认利益,作为判断当事人适格与否的标准

① ABD　② BCD　③ B

B. 一般而言,诉讼标的的主体即是本案的正当当事人
C. 未成年人均不具有诉讼行为能力
D. 破产企业清算组对破产企业财产享有管理权,可以清算组名义起诉或应诉

64. `2012/3/81/多`

关于当事人能力与当事人适格的概念,下列哪些表述是正确的?①

A. 当事人能力又称当事人诉讼权利能力,当事人适格又称正当当事人
B. 有当事人能力的人一定是适格当事人
C. 适格当事人一定具有当事人能力
D. 当事人能力与当事人适格均由法律明确加以规定

65. `2008/3/44/单`

关于当事人适格的表述,下列哪一选项是错误的?②

A. 当事人诉讼权利能力是作为抽象的诉讼当事人的资格,它与具体的诉讼没有直接的联系;当事人适格是作为具体的诉讼当事人资格,是针对具体的诉讼而言
B. 一般来讲,应当以当事人是否是所争议的民事法律关系的主体,作为判断当事人适格标准,但在某些例外情况下,非民事法律关系或民事权利主体,也可以作为适格当事人
C. 清算组织、遗产管理人、遗嘱执行人是适格的当事人,原因在于根据权利主体意思或法律规定对他人的民事法律关系享有管理权
D. 检察院就生效民事判决提起抗诉,抗诉的检察院是适格的当事人

考点 14 原告、被告和第三人

66. `2019 回忆/单`

张某有一套房屋,张某死后,其子张甲和张乙因遗产继承产生纠纷,张甲将张乙诉至法院。诉讼中,邻县张某的女儿张丙向法院主张继承遗产,下列表述哪一项是正确的?③

A. 张甲是原告,张乙是被告
B. 张甲、张丙是原告,张乙是被告

---

① AC ② D ③ B

C. 张丙是原告,张甲、张乙是被告

D. 张甲是原告,张乙是被告,张丙是有独立请求权的第三人

67. 2017/3/78/多

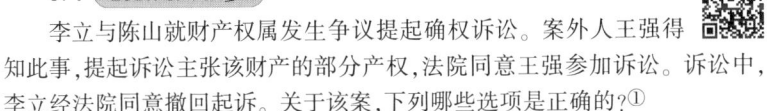

李立与陈山就财产权属发生争议提起确权诉讼。案外人王强得知此事,提起诉讼主张该财产的部分产权,法院同意王强参加诉讼。诉讼中,李立经法院同意撤回起诉。关于该案,下列哪些选项是正确的?①

A. 王强是有独立请求权的第三人

B. 王强是必要的共同诉讼人

C. 李立撤回起诉后,法院应裁定终结诉讼

D. 李立撤回起诉后,法院应以王强为原告、李立和陈山为被告另案处理,诉讼继续进行

68. 2016/3/37/单

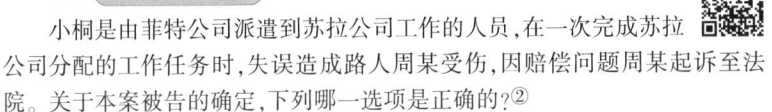

小桐是由菲特公司派遣到苏拉公司工作的人员,在一次完成苏拉公司分配的工作任务时,失误造成路人周某受伤,因赔偿问题周某起诉至法院。关于本案被告的确定,下列哪一选项是正确的?②

A. 起诉苏拉公司时,应追加菲特公司为共同被告

B. 起诉苏拉公司时,应追加菲特公司为无独立请求权第三人

C. 起诉菲特公司时,应追加苏拉公司为共同被告

D. 起诉菲特公司时,应追加苏拉公司为无独立请求权第三人

69. 2016/3/38/单

丁一诉弟弟丁二继承纠纷一案,在一审中,妹妹丁爽向法院递交诉状,主张应由自己继承系争的遗产,并向法院提供了父亲生前所立的其过世后遗产全部由丁爽继承的遗嘱。法院予以合并审理,开庭审理前,丁一表示撤回起诉,丁二认为该遗嘱是伪造的,要求继续进行诉讼。法院裁定准予丁一撤诉后,在程序上,下列哪一选项是正确的?③

A. 丁爽为另案原告,丁二为另案被告,诉讼继续进行

B. 丁爽为另案原告,丁一、丁二为另案被告,诉讼继续进行

C. 丁一、丁爽为另案原告,丁二为另案被告,诉讼继续进行

D. 丁爽、丁二为另案原告,丁一为另案被告,诉讼继续进行

---

① AD ② C ③ B

刷题表	时 间	题号	一刷	二刷	题号	一刷	二刷	题号	一刷	二刷	题号	一刷	二刷

70． 2016/3/79/多

程某诉刘某借款诉讼过程中，程某将对刘某因该借款而形成的债权转让给了谢某。依据相关规定，下列哪些选项是正确的？①

A. 如程某撤诉，法院可以准许其撤诉
B. 如谢某申请以无独立请求权第三人身份参加诉讼，法院可予以准许
C. 如谢某申请替代程某诉讼地位的，法院可以根据案件的具体情况决定是否准许
D. 如法院不予准许谢某申请替代程某诉讼地位的，可以追加谢某为无独立请求权的第三人

71． 2015/3/38/单

赵某与刘某将共有商铺出租给陈某。刘某瞒着赵某，与陈某签订房屋买卖合同，将商铺转让给陈某，后因该合同履行发生纠纷，刘某将陈某诉至法院。赵某得知后，坚决不同意刘某将商铺让与陈某。关于本案相关人的诉讼地位，下列哪一说法是正确的？②

A. 法院应依职权追加赵某为共同原告
B. 赵某应以刘某侵权起诉，陈某为无独立请求权第三人
C. 赵某应作为无独立请求权第三人
D. 赵某应作为有独立请求权第三人

72． 2015/3/39/单

徐某开设打印设计中心并以自己名义登记领取了个体工商户营业执照，该中心未起字号。不久，徐某应征入伍，将该中心转让给同学李某经营，未办理工商变更登记。后该中心承接广告公司业务，款项已收却未能按期交货，遭广告公司起诉。下列哪一选项是本案的适格被告？③

A. 李某
B. 李某和徐某
C. 李某和该中心
D. 李某、徐某和该中心

73． 2015/3/97/任

主要办事机构在 A 县的五环公司与主要办事机构在 B 县的四海公司于 C 县签订购货合同，约定：货物交付地在 D 县；若合同的履行发生争议，由原告所在地或者合同签订地的基层法院管辖。现五环公司起诉要求四海公司支付货款。四海公司辩称已将货款交给五环公司业务员付某。五环公

① ABCD ② D ③ B

司承认付某是本公司业务员,但认为其无权代理本公司收取货款,且付某也没有将四海公司声称的货款交给本公司。四海公司向法庭出示了盖有五环公司印章的授权委托书,证明付某有权代理五环公司收取货款,但五环公司对该授权书的真实性不予认可。根据案情,法院依当事人的申请通知付某参加(参与)了诉讼。

根据案情和法律规定,付某参加(参与)诉讼,在诉讼中所居地位是:①
A. 共同原告
B. 共同被告
C. 无独立请求权第三人
D. 证人

74. 2014/3/95/任

甲县的葛某和乙县的许某分别拥有位于丙县的云峰公司50%的股份。后由于二人经营理念不合,已连续四年未召开股东会,无法形成股东会决议。许某遂向法院请求解散公司,并在法院受理后申请保全公司的主要资产(位于丁县的一块土地的使用权)。

关于本案当事人的表述,下列说法正确的是:②
A. 许某是原告
B. 葛某是被告
C. 云峰公司可以是无独立请求权第三人
D. 云峰公司可以是有独立请求权第三人

75. 2012/3/45/单

2010年7月,甲公司不服A市B区法院对其与乙公司买卖合同纠纷的判决,上诉至A市中级法院,A市中级法院经审理维持原判决。2011年3月,甲公司与丙公司合并为丁公司。之后,丁公司法律顾问在复查原甲公司的相关材料时,发现上述案件具备申请再审的法定事由。关于该案件的再审,下列哪一说法是正确的?③
A. 应由甲公司向法院申请再审
B. 应由甲公司与丙公司共同向法院申请再审
C. 应由丁公司向法院申请再审
D. 应由丁公司以案外人身份向法院申请再审

① D ② A ③ C

刷题表	时间	题号	一刷	二刷	题号	一刷	二刷	题号	一刷	二刷	题号	一刷	二刷

76. 2011/3/45/单

三合公司诉两江公司合同纠纷一案,经法院审理后判决两江公司败诉。此后,两江公司与海大公司合并成立了大江公司。在对两江公司财务进行审核时,发现了一份对前述案件事实认定极为重要的证据。关于该案的再审,下列哪一说法是正确的?①

A. 应当由两江公司申请再审并参加诉讼
B. 应当由海大公司申请再审并参加诉讼
C. 应当由大江公司申请再审并参加诉讼
D. 应当由两江公司申请再审,但必须由大江公司参加诉讼

77. 2011/3/80/多

关于无独立请求权第三人,下列哪些说法是错误的?②

A. 无独立请求权第三人在诉讼中有自己独立的诉讼地位
B. 无独立请求权第三人有权提出管辖异议
C. 一审判决没有判决无独立请求权第三人承担民事责任的,无独立请求权的第三人不可以作为上诉人或被上诉人
D. 无独立请求权第三人有权申请参加诉讼和参加案件的调解活动,与案件原、被告达成调解协议

78. 2011/3/97/任

2011年7月11日,A市升湖区法院受理了黎明丽(女)诉张成功(男)离婚案。7月13日,升湖区法院向张成功送达了起诉状副本。7月18日,张成功向升湖区法院提交了答辩状,未对案件的管辖权提出异议。8月2日,张成功向升湖区法院提出管辖权异议申请,称其与黎明丽已分居2年,分别居住于A市安平区各自父母家中。A市升湖区法院以申请管辖权异议超过申请期限为由,裁定驳回张成功管辖权异议申请。后,升湖区法院查明情况,遂裁定将案件移送安平区法院。安平区法院接受移送,确定适用简易程序审理此案。

安平区法院在案件开庭审理时组织调解。

黎明丽声称:2005年12月,其与张成功结婚,后因张成功有第三者陈佳,感情已破裂,现要求离婚。黎明丽提出,离婚后儿子张好帅由其行使监护权,张成功每月支付抚养费1500元。现双方存款36万元(存折在张成功手中),

---

① C ② BC

刷题表	时间	题号	一刷	二刷	题号	一刷	二刷	题号	一刷	二刷	题号	一刷	二刷

由2人平分,生活用品归各自所有,不存在其他共有财产分割争议。

张成功承认:2005年12月,其与黎明丽结婚,自己现在有了第三者,36万元存款在自己手中,同意离婚,同意生活用品归各自所有,同意不存在其他共有财产分割争议。不同意支付张好帅抚养费,因其是黎明丽与前男友所生。

黎明丽承认:张好帅是其与前男友所生,但在户籍登记上,张成功与张好帅为父子关系,多年来父子相称,形成事实上的父子关系,故要求张成功支付抚养费。

调解未能达成协议。在随后的庭审中,黎明丽坚持提出的请求;张成功对调解中承认的多数事实和同意的请求予以认可,但否认了有第三者一事,仍不同意支付张好帅抚养费。黎明丽要求法院通知第三者陈佳以无独立请求权的第三人身份参加诉讼。

安平区法院作出判决:解除黎明丽、张成功婚姻关系;张好帅由黎明丽行使监护权,张成功每月支付抚养费700元;存款双方平分,生活用品归个人所有,不存在其他共有财产分割争议。法院根据调解中被告承认自己有第三者的事实,认定双方感情破裂,张成功存在过失。

对黎明丽要求陈佳以无独立请求权第三人参加诉讼的请求,下列选项正确的是:①

A. 法院可以根据黎明丽的请求,裁定追加陈佳为无独立请求权第三人

B. 如张成功同意,法院可通知陈佳以无独立请求权第三人名义参加诉讼

C. 无论张成功是否同意,法院通知陈佳以无独立请求权第三人名义参加诉讼都是错误的

D. 如陈佳同意,法院可通知陈佳以无独立请求权第三人名义参加诉讼

79. 2010/3/40/单

甲乙丙三人合伙开办电脑修理店,店名为"一通电脑行",依法登记。甲负责对外执行合伙事务。顾客丁进店送修电脑时,被该店修理人员戊的工具碰伤。丁拟向法院起诉。关于本案被告的确定,下列哪一选项是正确的?②

A. "一通电脑行"为被告

B. 甲为被告

C. 甲乙丙三人为共同被告,并注明"一通电脑行"字号

D. 甲乙丙戊四人为共同被告

① C ② C

80． 2010/3/41/单

甲为有独立请求权第三人，乙为无独立请求权第三人，关于甲、乙诉讼权利和义务，下列哪一说法是正确的？①

A. 甲只能以起诉的方式参加诉讼，乙以申请或经法院通知的方式参加诉讼
B. 甲具有当事人的诉讼地位，乙不具有当事人的诉讼地位
C. 甲的诉讼行为可对本诉的当事人发生效力，乙的诉讼行为对本诉的当事人不发生效力
D. 任何情况下，甲有上诉权，而乙无上诉权

81． 2009/3/39/单

甲与乙对一古董所有权发生争议诉至法院。诉讼过程中，丙声称古董属自己所有，主张对古董的所有权。下列哪一说法是正确的？②

A. 如丙没有起诉，法院可以依职权主动追加其作为有独立请求权第三人
B. 如丙起诉后认为受案法院无管辖权，可以提出管辖权异议
C. 如丙起诉后经法院传票传唤，无正当理由拒不到庭，应当视为撤诉
D. 如丙起诉后，甲与乙达成协议经法院同意而撤诉，应当驳回丙的起诉

82． 2009/3/97/任

常年居住在Y省A县的王某早年丧妻，独自一人将两个儿子和一个女儿养大成人。大儿子王甲居住在Y省B县，二儿子王乙居住在Y省C县，女儿王丙居住在W省D县。2000年以来，王某的日常生活费用主要来自大儿子王甲每月给的800元生活费。2003年12月，由于物价上涨，王某要求二儿子王乙每月也给一些生活费，但王乙以自己没有固定的工作、收入不稳定为由拒绝。于是，王某将王乙告到法院，要求王乙每月支付给自己赡养费500元。

关于本案当事人的确定，下列选项正确的是：③

A. 王某是本案的唯一原告
B. 王乙是本案的唯一被告
C. 王乙与王丙应当是本案的被告，王甲不是本案的被告
D. 王乙、王丙和王甲应当是本案的被告

---

① A ② C ③ AD

| 刷题表 | 时 间 | 题号 | 一刷 | 二刷 | 题号 | 一刷 | 二刷 | 题号 | 一刷 | 二刷 | 题号 | 一刷 | 二刷 |

83. `2008/3/42/单`

张某将邻居李某和李某的父亲打伤,李某以张某为被告向法院提起诉讼。在法院受理该案时,李某的父亲也向法院起诉,对张某提出索赔请求。法院受理了李某父亲的起诉,在征得当事人同意的情况下决定将上述两案并案审理。在本案中,李某的父亲居于什么诉讼地位?①

A. 必要共同诉讼的共同原告
B. 有独立请求权的第三人
C. 普通共同诉讼的共同原告
D. 无独立请求权的第三人

考点 15 共同诉讼

84. `2017/3/37/单`

马迪由阳光劳务公司派往五湖公司担任驾驶员。因五湖公司经常要求加班,且不发加班费,马迪与五湖公司发生争议,向劳动争议仲裁委员会申请仲裁。关于本案仲裁当事人的确定,下列哪一表述是正确的?②

A. 马迪是申请人,五湖公司为被申请人
B. 马迪是申请人,五湖公司和阳光劳务公司为被申请人
C. 马迪是申请人,五湖公司为被申请人,阳光劳务公司可作为第三人参加诉讼
D. 马迪和阳光劳务公司为申请人,五湖公司为被申请人

85. `2016/3/36/单`

精神病人姜某冲入向阳幼儿园将入托的小明打伤,小明的父母与姜某的监护人朱某及向阳幼儿园协商赔偿事宜无果,拟向法院提起诉讼。关于本案当事人的确定,下列哪一选项是正确的?③

A. 姜某是被告,朱某是无独立请求权第三人
B. 姜某与朱某是共同被告,向阳幼儿园是无独立请求权第三人
C. 向阳幼儿园与姜某是共同被告
D. 姜某、朱某、向阳幼儿园是共同被告

86. `2013/3/77/多`

甲向大恒银行借款 100 万元,乙承担连带保证责任,甲到期未能

① C ② B ③ D

归还借款,大恒银行向法院起诉甲乙二人,要求其履行债务。关于诉的合并和共同诉讼的判断,下列哪些选项是正确的?①

A. 本案属于诉的主体的合并
B. 本案属于诉的客体的合并
C. 本案属于必要共同诉讼
D. 本案属于普通共同诉讼

87. 2010/3/46/单

甲在丽都酒店就餐,顾客乙因地板湿滑不慎滑倒,将热汤洒到甲身上,甲被烫伤。甲拟向法院提起诉讼。关于本案当事人的确定,下列哪一说法是正确的?②

A. 甲起诉丽都酒店,乙是第三人
B. 甲起诉乙,丽都酒店是第三人
C. 甲起诉,只能以乙或丽都酒店为单一被告
D. 甲起诉丽都酒店,乙是共同被告

88. 2009/3/38/单

王甲两岁,在幼儿园入托。一天,为幼儿园送货的刘某因王甲将其衣服弄湿,便打了王甲一记耳光,造成王甲左耳失聪。王甲的父亲拟代儿子向法院起诉。关于本案被告的确定,下列哪一选项是正确的?③

A. 刘某是本案唯一的被告
B. 幼儿园是本案唯一的被告
C. 刘某和幼儿园是本案共同被告
D. 刘某是本案被告,幼儿园是本案无独立请求权第三人

89. 2008/3/84/多

李某和张某到华美购物中心采购结婚物品。张某因购物中心打蜡地板太滑而摔倒,致使左臂骨折,住院治疗花费了大量医疗费,婚期也因而推迟。当时,购物中心负责地板打蜡的郑某目睹事情的发生经过。受害人认为购物中心存在过错,于是,起诉要求其赔偿经济损失以及精神损害赔偿。关于本案诉讼参与人,下列哪些选项是正确的?④

A. 李某、张某应为本案的共同原告
B. 李某、郑某可以作为本案的证人

---

① AD(原答案为AC) ② D ③ C ④ BC

C. 华美购物中心为本案的被告
D. 华美购物中心与郑某为本案共同被告

考点16 诉讼代表人

90．2023 回忆/单

某公司在其财务报告中虚构业绩上市发行，导致投资者利益受损。经韩某等80名投资者授权，投资者保护基金会提起特别代表人诉讼。法院依法认定共有5080名投资者受到虚假陈述影响，在公告期届满后15日内仅有范某一人声明退出诉讼。关于本案判决对投资者的约束力，下列哪一说法是正确的？①

A. 如代表人败诉，判决仅约束韩某等80名投资者，其他投资者可另行起诉
B. 如代表人胜诉，判决约束除范某之外的5079名投资者
C. 如代表人胜诉，判决约束全部5080名投资者
D. 如代表人败诉，判决仅约束基金会，所有投资者均可另行起诉

91．2011/3/48/单

某企业使用霉变面粉加工馒头，潜在受害人不可确定。甲、乙、丙、丁等20多名受害者提起损害赔偿诉讼，但未能推选出诉讼代表人。法院建议由甲、乙作为诉讼代表人，但丙、丁等人反对。关于本案，下列哪一选项是正确的？②

A. 丙、丁等人作为诉讼代表人参加诉讼
B. 丙、丁等人推选代表人参加诉讼
C. 诉讼代表人由法院指定
D. 在丙、丁等人不认可诉讼代表人情况下，本案裁判对丙、丁等人没有约束力

92．2008/3/48/单

A厂生产的一批酱油由于香精投放过多，对人体有损害。报纸披露此消息后，购买过该批酱油的消费者纷纷起诉A厂，要求赔偿损失。甲和乙被推选为诉讼代表人参加诉讼。下列哪一选项是正确的？③

A. 甲和乙因故不能参加诉讼，法院可以指定另一名当事人为诉讼代表人

① B ② C ③ B

代表当事人进行诉讼
B. 甲因病不能参加诉讼,可以委托一至两人作为诉讼代理人,而无需征得被代表的当事人的同意
C. 甲和乙可以自行决定变更诉讼请求,但事后应当及时告知其他当事人
D. 甲和乙经超过半数原告方当事人同意,可以和A厂签订和解协议

专题六 诉讼代理人

考点17 委托诉讼代理人

93. 2015/3/78/多
律师作为委托诉讼代理人参加诉讼,应向法院提交下列哪些材料?①

A. 律师所在的律师事务所与当事人签订的协议书
B. 当事人的授权委托书
C. 律师的执业证
D. 律师事务所的证明

94. 2013/3/42/单
某市法院受了中国人郭某与外国人珍妮的离婚诉讼,郭某委托黄律师作为代理人,授权委托书中仅写明代理范围为"全权代理"。关于委托代理的表述,下列哪一选项是正确的?②

A. 郭某已经委托了代理人,可以不出庭参加诉讼
B. 法院可以向黄律师送达诉讼文书,其签收行为有效
C. 黄律师可以代为放弃诉讼请求
D. 如果珍妮要委托代理人代为诉讼,必须委托中国公民

考点18 法定诉讼代理人

95. 2021 回忆/单
秦某因为合同纠纷起诉甲公司,在诉讼中秦某突发脑梗,经抢救后,秦某仍然丧失民事行为能力。秦某的父亲希望撤回起诉,以专心为秦某治疗;秦某的妻子表示希望继续诉讼。本案法院应当如何处理?③

---

① BCD ② B ③ C

A. 追加秦某的妻子为共同原告
B. 变更秦某的妻子为原告诉讼继续进行
C. 追加秦某的妻子为法定代理人,诉讼继续进行
D. 根据秦某父亲的请求,裁定准予撤回起诉

96. 2011/3/82/多

关于法定诉讼代理人,下列哪些认识是正确的?①

A. 代理权的取得不是根据其所代理的当事人的委托授权
B. 在诉讼中可以按照自己的意志代理被代理人实施所有诉讼行为
C. 在诉讼中死亡的,产生与当事人死亡同样的法律后果
D. 所代理的当事人在诉讼中取得行为能力的,法定诉讼代理人则自动转化为委托代理人

专题七 民事证据

考点19 证据的种类(法定分类)

97. 2017/3/79/多

杨青(15岁)与何翔(14岁)两人经常嬉戏打闹,一次,杨青失手将何翔推倒,致何翔成了植物人。当时在场的还有何翔的弟弟何军(11岁)。法院审理时,何军以证人身份出庭。关于何军作证,下列哪些说法不能成立?②

A. 何军只有11岁,无诉讼行为能力,不具有证人资格,故不可作为证人
B. 何军是何翔的弟弟,应回避
C. 何军作为未成年人,其所证言依法都不具有证明力
D. 何军作为何翔的弟弟,证言具有明显的倾向性,其证言不能单独作为认定案件事实的根据

98. 2016/3/80/单

哥哥王文诉弟弟王武遗产继承一案,王文向法院提交了一份其父生前关于遗产分配方案的遗嘱复印件,遗嘱中有"本遗嘱的原件由王武负责保管"字样,并有王武的签名。王文在举证责任期间书面申请法院责令王武提交遗嘱原件,法院通知王武提交,但王武无正当理由拒绝提交。在此情况

---

① AB ② ABC

下,依据相关规定,下列哪一行为是合法的?①

A. 王文可只向法院提交遗嘱的复印件
B. 法院可依法对王武进行拘留
C. 法院可认定王文所主张的该遗嘱能证明的事实为真实
D. 法院可根据王武的行为而判决支持王文的各项诉讼请求

99. 2015/3/79/多

张志军与邻居王昌因琐事发生争吵并相互殴打,之后,张志军诉至法院要求王昌赔偿医药费等损失共计3000元。在举证期限届满前,张志军向法院申请事发时在场的方强(26岁)、路芳(30岁)、蒋勇(13岁)出庭作证,法院准其请求。开庭时,法院要求上列证人签署保证书,方强签署了保证书,路芳拒签保证书,蒋勇未签署保证书。法院因此允许方强、蒋勇出庭作证,未允许路芳出庭作证。张志军在开庭时向法院提供了路芳的书面证言,法院对该证言不同意组织质证。关于本案,法院的下列哪些做法是合法的?②

A. 批准张志军要求事发时在场人员出庭作证的申请
B. 允许蒋勇出庭作证
C. 不允许路芳出庭作证
D. 对路芳的证言不同意组织质证

100. 2014/3/38/多

在一起侵权诉讼中,原告申请由其弟袁某(某大学计算机系教授)作为专家辅助人出庭对专业技术问题予以说明。下列哪些表述是正确的?③

A. 被告以袁某是原告的近亲属为由申请其回避,法院应批准
B. 袁某在庭上的陈述是一种法定证据
C. 被告可对袁某进行询问
D. 袁某出庭的费用,由败诉方当事人承担

101. 2014/3/48/单

张某驾车与李某发生碰撞,交警赶到现场后用数码相机拍摄了碰撞情况,后李某提起诉讼,要求张某赔偿损失,并向法院提交了一张光盘,内附交警拍摄的照片。该照片属于下列哪一种证据?④

---

① A(原答案为AC)。原为多选题,根据新法答案有变化,调整为单选题 ② ABCD
③ BC(原答案为C)。原为单选题,根据新法答案有变化,调整为多选题 ④ D

A. 书证　　　　　　　　　　B. 鉴定意见
C. 勘验笔录　　　　　　　　D. 电子数据

102. 2013/3/50/单

甲公司诉乙公司专利侵权,乙公司是否侵权成为焦点。经法院委托,丙鉴定中心出具了鉴定意见书,认定侵权。乙公司提出异议,并申请某大学燕教授出庭说明专业意见。关于鉴定的说法,下列哪一选项是正确的?①

A. 丙鉴定中心在鉴定过程中可以询问当事人
B. 丙鉴定中心应当派员出庭,但有正当理由不能出庭的除外
C. 如果燕教授出庭,其诉讼地位是鉴定人
D. 燕教授出庭费用由乙公司垫付,最终由败诉方承担

103. 2011/3/83/多

根据证据理论和《民事诉讼法》以及相关司法解释,关于证人证言,下列哪些选项是正确的?②

A. 限制行为能力的未成年人可以附条件地作为证人
B. 证人因出庭作证而支出的合理费用,由提供证人的一方当事人承担
C. 证人在法院组织双方当事人交换证据时出席陈述言的,可视为出庭作证
D. "未成年人所作的与其年龄和智力状况不相当的证言不能单独作为认定案件事实的依据",是关于证人证言证明力的规定

104. 2008/3/45/多

关于证人的表述,下列哪些选项是正确的?③

A. 王某是未成年人,因此,王某没有证人资格,不能作为证人
B. 原告如果要在诉讼中申请证人出庭作证,应当在举证期限届满前提出,并经法院许可
C. 甲公司的诉讼代理人乙律师是目击案件情况发生的人,对方当事人丙可以向法院申请乙作为证人出庭作证,如法院准许,则乙不得再作为甲公司的诉讼代理人
D. 李某在法庭上宣读未到庭的证人的书面证言,该书面证言能够代替证人出庭作证

---

① A　② ACD　③ BC(原答案为C)。原为单选题,根据新法答案有变化,调整为多选题

· 37 ·

刷题表	时 间	题号	一刷	二刷	题号	一刷	二刷	题号	一刷	二刷	题号	一刷	二刷

考点20 证据的分类(理论分类)

105． 2020 回忆/多

林某向法院起诉郑某，提交了一张银行转账的凭证，证明自己借给郑某 50 万元。在诉讼中，郑某主张林某借钱给自己是为了偿还对自己的欠款。下列哪些说法是正确的？①

A．林某提交的银行转账凭证属于直接证据

B．林某提交的银行转账凭证属于间接证据

C．郑某对林某曾经向自己借款的事实承担举证责任

D．林某应对借款给郑某的事实承担证明责任

106． 2017/3/39/单

王某诉钱某返还借款案审理中，王某向法院提交了一份有钱某签名、内容为钱某向王某借款 5 万元的借条，证明借款的事实；钱某向法院提交了一份有王某签名、内容为王某收到钱某返还借款 5 万元并说明借条因王某过失已丢失的收条。经法院质证，双方当事人确定借条和收条所说的 5 万元是相对应的款项。关于本案，下列哪一选项是错误的？②

A．王某承担钱某向其借款事实的证明责任

B．钱某自认了向王某借款的事实

C．钱某提交的收条是案涉借款事实的反证

D．钱某提交的收条是案涉还款事实的本证

107． 2016/3/39/单

战某打电话向牟某借款 5 万元，并发短信提供账号，牟某当日即转款。之后，因战某拒不还款，牟某起诉要求战某偿还借款。在诉讼中，战某否认向牟某借款的事实，主张牟某转的款是为偿还之前向自己借的款，并向法院提交了证据；牟某也向法院提供了一些证据，以证明战某向其借款 5 万元的事实。关于这些证据的种类和类别的确定，下列哪一选项是正确的？③

A．牟某提供的银行转账凭证属于书证，该证据对借款事实而言是直接证据

B．牟某提供的记载战某表示要向其借款 5 万元的手机短信属于电子数据，该证据对借款事实而言是间接证据

C．牟某提供的记载战某表示要向其借款 5 万元的手机通话录音属于电

---

① BD ② C ③ B

38

子数据,该证据对借款事实而言是直接证据
D. 战某提供一份牟某书写的向其借款10万元的借条复印件,该证据对牟某主张战某借款的事实而言属于反证

108. 2012/3/98/任

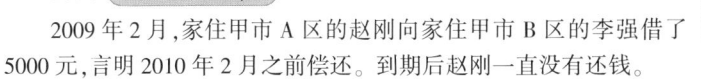

2009年2月,家住甲市A区的赵刚向家住甲市B区的李强借了5000元,言明2010年2月之前偿还。到期后赵刚一直没有还钱。

2010年3月,李强找到赵刚家追讨该债务,发生争吵。赵刚因所牵宠物狗易受惊,遂对李强说:"你不要大声喊,狗会咬你。"李强不理,仍然叫骂,并指着狗叫喊。该狗受惊,扑向李强并将其咬伤。李强治伤花费6000元。

李强起诉要求赵刚返还欠款5000元、支付医药费6000元,并向法院提交了赵刚书写的借条、其向赵刚转账5000元的银行转账凭证、本人病历、医院的诊断书(复印件)、医院处方(复印件)、发票等。

赵刚称,其向李强借款是事实,但在2010年1月卖给李强一块玉石,价值5000元,说好用玉石货款清偿借款。当时李强表示同意,并称之后会把借条还给赵刚,但其一直未还该借条。

赵刚还称,李强故意激怒狗,被狗咬伤的责任应由李强自己承担。对此,赵刚提交了邻居孙某出具的书面证词,该证词描述了李强当时骂人和骂狗的情形。

赵刚认为,李强提交的诊断书、医院处方均为复印件,没有证明力。

关于赵刚向李强借款5000元的证据证明问题,下列选项正确的是:①
A. 李强提出的借条是本证
B. 李强提出的其向赵刚转账5000元的银行转账凭证是直接证据
C. 赵刚承认借款事实属于自认
D. 赵刚所言已用卖玉石的款项偿还借款属于反证

109. 2010/3/83/多

周某与某书店因十几本工具书损毁发生纠纷,书店向法院起诉,并向法院提交了被损毁图书以证明遭受的损失。关于本案被损毁图书,属于下列哪些类型的证据?②

A. 直接证据
B. 间接证据
C. 书证
D. 物证

---

① AC ② AD

110. 2009/3/40/单

关于证据理论分类的表述,下列哪一选项是正确的?①

A. 传来证据有可能是直接证据

B. 诉讼中原告提出的证据都是本证,被告提出的证据都是反证

C. 证人转述他人所见的案件事实都属于间接证据

D. 一个客观与合法的间接证据可以单独作为认定案件事实的依据

考点21 证据保全

111. 2013/3/46/单

甲县吴某与乙县宝丰公司在丙县签订了甜橙的买卖合同,货到后发现甜橙开始腐烂,未达到合同约定的质量标准。吴某退货无果,拟向法院起诉,为了证明甜橙的损坏状况,向法院申请诉前证据保全。关于诉前保全,下列哪一表述是正确的?②

A. 吴某可以向甲、乙、丙县法院申请诉前证据保全

B. 法院应当在收到申请15日内裁定是否保全

C. 法院在保全证据时,可以主动采取行为保全措施,减少吴某的损失

D. 如果法院采取了证据保全措施,可以免除吴某对甜橙损坏状况提供证据的责任

专题八 民事诉讼中的证明

考点22 证明对象

112. 2022 回忆/单

中国A公司与甲国B公司签订贸易合同,约定合同适用甲国法律。后双方发生纠纷,A公司依约向中国法院提起诉讼,为明确甲国法律内容,A公司申请某大学国际法研究中心主任童某出庭。下列哪一项说法是正确的?③

A. 童某可以作为鉴定人出庭

B. 童某可以作为证人出庭

C. 童某可以作为专家辅助人出庭

D. 甲国法律的内容不是证明对象,没有规定童某必须出庭

---

① A ② D ③ C

| 刷题表 | 时 间 | 题号 | 一刷 | 二刷 | 题号 | 一刷 | 二刷 | 题号 | 一刷 | 二刷 | 题号 | 一刷 | 二刷 |

113. 2021 回忆/任

甲向乙借款 60 万元,期限两年,丙提供连带保证。甲只在第一年还款 6 万元,后乙持甲欠其 60 万元的借条起诉,称双方口头约定 10%的利息,偿还的 6 万元乃第一年的利息,请求法院判令两被告归还 60 万元借款本金以及第二年的利息共 66 万元。第一次开庭时,甲承认 6 万元是利息,第二次开庭时,甲改口称双方未约定利息,第一年还款 6 万元属于本金,现只欠乙 54 万元。丙始终拒绝承认约定过利息。各方均无其他证据。关于本案,下列表述正确的是:①

A. 甲第一次自认有效,应向乙归还 66 万元
B. 丙未承认约定利息的事实,甲的表述不构成自认,应归还 54 万元
C. 丙应承担 60 万元的担保责任
D. 丙应与甲一并向乙归还 54 万元

114. 2020 回忆/任

下列说法中构成民事诉讼中的自认的是:②

A. 甲在开庭结束回去的路上对乙说:"你在法庭上说我欠你 5 万元,这是事实。但法官问我,我就不承认,气死你"
B. 甲拿出了乙在庭前写的材料,材料内容是乙承认向甲借钱的事实,并注明有时间及地点
C. 甲乙向他借钱了,法官问乙的时候乙说我和好多同事借钱了,但我不记得有没有甲。法官说请你确认,乙说我真记不清楚了
D. 庭前质证的时候甲承认向乙借款 3 万元,但辩称自己已经还钱。庭审的时候乙说甲借了没还,于是甲说:"既然你不承认我还了钱,那我也不承认向你借了钱"

115. 2015/3/40/单

下列哪一情形可以产生自认的法律后果?③

A. 被告在答辩状中对原告主张的事实予以承认
B. 被告在诉讼调解过程中对原告主张的事实予以承认,但该调解最终未能成功
C. 被告认可其与原告存在收养关系
D. 被告承认原告主张的事实,但该事实与法院查明的事实不符

① BD ② CD ③ A

116. 2011年7月11日,A市升湖区法院受理了黎明丽(女)诉张成功(男)离婚案。7月13日,升湖区法院向张成功送达了起诉状副本。7月18日,张成功向升湖区法院提交了答辩状,未对案件的管辖权提出异议。8月2日,张成功向升湖区法院提出管辖权异议申请,称其与黎明丽已分居2年,分别居住于A市安平区各自父母家中。A市升湖区法院以申请管辖权异议超过申请期限为由,裁定驳回张成功管辖权异议申请。后,升湖区法院查明情况,遂裁定将案件移送安平区法院。安平区法院接受移送,确定适用简易程序审理此案。

安平区法院在案件开庭审理时组织调解。

黎明丽声称:2005年12月,其与张成功结婚,后因张成功有第三者陈佳,感情已破裂,现要求离婚。黎明丽提出,离婚后儿子张好帅由其行使监护权,张成功每月支付抚养费1500元。现双方存款36万元(存折在张成功手中),由2人平分,生活用品归各自所有,不存在其他共有财产分割争议。

张成功承认:2005年12月,其与黎明丽结婚,自己现在有了第三者,36万元存款在自己手中,同意离婚,同意生活用品归各自所有,同意不存在其他共有财产分割争议。不同意支付张好帅抚养费,因其是黎明丽与前男友所生。

黎明丽承认:张好帅是其与前男友所生,但在户籍登记上,张成功与张好帅为父子关系,多年来父子相称,形成事实上的父子关系,故要求张成功支付抚养费。

调解未能达成协议。在随后的庭审中,黎明丽坚持提出的请求;张成功对调解中承认的多数事实和同意的请求予以认可,但否认了有第三者一事,仍不同意支付张好帅抚养费。黎明丽要求法院通知第三者陈佳以无独立请求权的第三人身份参加诉讼。

安平区法院作出判决:解除黎明丽、张成功婚姻关系;张好帅由黎明丽行使监护权,张成功每月支付抚养费700元;存款双方平分,生活用品归个人所有,不存在其他共有财产分割争议。法院根据调解中被告承认自己有第三者的事实,认定双方感情破裂,张成功存在过失。

请回答第(1)、(2)题。

(1) 2011/3/98/任

下列双方当事人的承认,不构成证据制度中自认的是:①

A. 张成功承认与黎明丽存在婚姻关系

---

① ACD

B. 张成功承认家中存款 36 万元在自己手中
C. 张成功同意生活用品归各自所有
D. 黎明丽承认张成功不是张好帅的亲生父亲

（2）2011/3/99/任
下列可以作为法院判决根据的选项是：①
A. 张成功承认与黎明丽没有其他财产分割争议
B. 张成功承认家中 36 万元存款在自己手中
C. 黎明丽提出张成功每月应当支付张好帅抚养费 1500 元的主张
D. 张成功在调解中承认自己有第三者

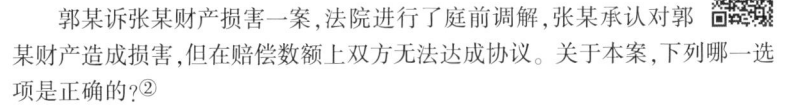

117． 2010/3/48/单
郭某诉张某财产损害一案，法院进行了庭前调解，张某承认对郭某财产造成损害，但在赔偿数额上双方无法达成协议。关于本案，下列哪一选项是正确的？②
A. 张某承认对郭某财产造成损害，已构成自认
B. 张某承认对郭某财产造成损害，可作为对张某不利的证据使用
C. 郭某仍需对张某造成财产损害的事实举证证明
D. 法院无需开庭审理，本案事实清楚可直接作出判决

118． 2009/3/42/单
关于自认的说法，下列哪一选项是错误的？③
A. 自认的事实允许用相反的证据加以推翻
B. 身份关系诉讼中不涉及身份关系的案件事实可以适用自认
C. 调解中的让步不构成诉讼上的自认
D. 当事人一般授权的委托代理人一律不得进行自认

考点 23 证明责任与证明标准

119． 2023 回忆/多
甲在门口堆放杂物，邻居乙的孩子丙路过，被倒塌的杂物砸伤。因赔偿协商无果，乙以丙的名义向法院提起诉讼。诉讼中，甲主张丙走路时故意将杂物推倒。关于本案的证明责任的分配，下列哪些说法是正确的？④
A. 甲堆放杂物倒塌的事实，由乙承担证明责任

① AB ② C ③ D ④ ABCD

B. 丙被砸伤的事实,由乙承担证明责任

C. 丙故意将杂物推倒的事实,由甲承担证明责任

D. 甲没有主观过错的事实,由甲承担证明责任

120. 2017/3/40/单

薛某雇杨某料理家务。一天,杨某乘电梯去楼下扔掉厨房垃圾时,袋中的碎玻璃严重划伤电梯中的邻居乔某。乔某诉至法院,要求赔偿其各项损失 3 万元。关于本案,下列哪一说法是正确的?①

A. 乔某应起诉杨某,并承担杨某主观有过错的证明责任

B. 乔某应起诉杨某,由杨某承担其主观无过错的证明责任

C. 乔某应起诉薛某,由薛某承担其主观无过错的证明责任

D. 乔某应起诉薛某,薛某主观是否有过错不是本案的证明对象

121. 2016/3/40/单

刘月购买甲公司的化肥,使用后农作物生长异常。刘月向法院起诉,要求甲公司退款并赔偿损失。诉讼中甲公司否认刘月的损失是因其出售的化肥质量问题造成的,刘月向法院提供了本村吴某起诉甲公司损害赔偿案件的判决书,以证明甲公司出售的化肥有质量问题且与其所受损害有因果关系。关于本案刘月所受损害与使用甲公司化肥因果关系的证明责任分配,下列哪一选项是正确的?②

A. 应由刘月负担有因果关系的证明责任

B. 应由甲公司负担无因果关系的证明责任

C. 应由法院依职权裁量分配证明责任

D. 应由双方当事人协商分担证明责任

122. 2015/3/96/任

主要办事机构在 A 县的五环公司与主要办事机构在 B 县的四海公司于 C 县签订购货合同,约定:货物交付地在 D 县;若合同的履行发生争议,由原告所在地或者合同签订地的基层法院管辖。现五环公司起诉要求四海公司支付货款。四海公司辩称已将货款交给五环公司业务员付某。五环公司承认付某是本公司业务员,但认为其无权代理本公司收取货款,且付某也没有将四海公司声称的货款交给本公司。四海公司向法庭出示了盖有五环公司印章的授权委托书,证明付某有权代理五环公司收取货款,但五环公司

① D ② B

对该授权书的真实性不予认可。根据案情,法院依当事人的申请通知付某参加(参与)了诉讼。

本案需要由四海公司承担证明责任的事实包括:①
A. 四海公司已经将货款交付给了五环公司业务员付某
B. 付某是五环公司业务员
C. 五环公司授权付某代理收取货款
D. 付某将收取的货款交到五环公司

123． 2014/3/45/单

下列关于证明的哪一表述是正确的?②
A. 经过公证的书证,其证明力一般大于传来证据和间接证据
B. 经验法则可验证的事实都不需要当事人证明
C. 在法国居住的雷诺委托赵律师代理在我国的民事诉讼,其授权委托书需要经法国公证机关证明,并经我国驻法国使领馆认证后,方发生效力
D. 证明责任是一种不利的后果,会随着诉讼的进行,在当事人之间来回移转

124． 2012/3/37/单

甲路过乙家门口,被乙叠放在门口的砖头砸伤,甲起诉要求乙赔偿。关于本案的证明责任分配,下列哪一说法是错误的?③
A. 乙叠放砖头倒塌的事实,由原告甲承担证明责任
B. 甲受损害的事实,由原告甲承担证明责任
C. 甲所受损害是由于乙叠放砖头倒塌砸伤的事实,由原告甲承担证明责任
D. 乙有主观过错的事实,由原告甲承担证明责任

125． 2012/3/99/任

2009 年 2 月,家住甲市 A 区的赵刚向家住甲市 B 区的李强借了 5000 元,言明 2010 年 2 月之前偿还。到期后赵刚一直没有还钱。

2010 年 3 月,李强找到赵刚家追讨该债务,发生争吵。赵刚因所牵宠物狗易受惊,遂对李强说:"你不要大声喊,狗会咬你。"李强不理,仍然叫骂,并指着狗叫喊。该狗受惊,扑向李强并将其咬伤。李强治伤花费 6000 元。

① AC ② C ③ D

刷题表	时 间	题号	一刷	二刷	题号	一刷	二刷	题号	一刷	二刷	题号	一刷	二刷

李强起诉要求赵刚返还欠款5000元、支付医药费6000元,并向法院提交了赵刚书写的借条,其向赵刚转账5000元的银行转账凭证、本人病历、医院的诊断书(复印件)、医院处方(复印件)、发票等。

赵刚称,其向李强借款是事实,但在2010年1月卖给李强一块玉石,价值5000元,说好用玉石货款清偿借款。当时李强表示同意,并称之后会把借条还给赵刚,但其一直未还该借条。

赵刚还称,李强故意激怒狗,被狗咬伤的责任应由李强自己承担。对此,赵刚提交了邻居孙某出具的书面证词,该证词描述了李强当时骂人和骂狗的情形。

赵刚认为,李强提交的诊断书、医院处方均为复印件,没有证明力。

关于本案李强被狗咬伤的证据证明问题,下列选项正确的是:①

A. 赵刚的证人提出的书面证词属于书证
B. 李强提交的诊断书、医院处方为复印件,肯定无证明力
C. 李强是因为挑逗赵刚的狗而被狗咬伤的事实的证明责任由赵刚承担
D. 李强受损害与被赵刚的狗咬伤之间具有因果关系的证明责任由李强承担

126. 2011/3/84/多

关于证明责任,下列哪些说法是正确的?②

A. 只有在待证事实处于真伪不明情况下,证明责任的后果才会出现
B. 对案件中的同一事实,只有一方当事人负有证明责任
C. 当事人对其主张的某一事实没有提供证据证明,必将承担败诉的后果
D. 证明责任的结果责任不会在原、被告间相互转移

127. 2008/3/33/单

王某承包了20亩鱼塘。某日,王某发现鱼塘里的鱼大量死亡,王某认为鱼的死亡是因为附近的腾达化工厂排污引起,遂起诉腾达化工厂请求赔偿。腾达化工厂辩称,根本没有向王某的鱼塘进行排污。关于化工厂是否向鱼塘排污的事实举证责任,下列哪一选项是正确的?③

A. 根据"谁主张、谁举证"的原则,应当由主张存在污染事实的王某负举证责任
B. 根据"谁主张、谁举证"的原则,应当由主张自己没有排污行为的腾达

① CD ② ABD ③ A

刷题表	时间	题号	一刷	二刷	题号	一刷	二刷	题号	一刷	二刷	题号	一刷	二刷

化工厂负举证责任

C. 根据"举证责任倒置"的规则,应当由腾达化工厂负举证责任

D. 根据本证与反证的分类,应当由腾达化工厂负举证责任

128． 2008/3/80/多

三个小孩在公路边玩耍,此时,一辆轿车急速驶过,三小孩捡起石子向轿车扔去,坐在后排座位的刘某被一石子击中。刘某将三小孩起诉至法院。关于本案举证责任分配,下列哪些选项是正确的?①

A. 刘某应对三被告向轿车投掷石子的事实承担举证责任

B. 刘某应对其所受到损失承担举证责任

C. 三被告应对投掷石子与刘某所受损害之间不存在因果关系承担举证责任

D. 三被告应对其主观没有过错承担举证责任

考点24 证明程序之一:举证期限

129． 2016/3/41/单

李某起诉王某要求返还10万元借款并支付利息5000元,并向法院提交了王某亲笔书写的借条。王某辩称,已还2万元,李某还出具了收条,但王某并未在法院要求的时间内提交证据。法院一审判决王某返还李某10万元并支付5000元利息,王某不服提起上诉,并称一审期间未找到收条,现找到了并提交法院。关于王某迟延提交收条的法律后果,下列哪一选项是正确的?②

A. 因不属于新证据,法院不予采纳

B. 法院应采纳该证据,并对王某进行训诫

C. 如果李某同意,法院可以采纳该证据

D. 法院应当责令王某说明理由,视情况决定是否采纳该证据

130． 2013/3/40/单

大皮公司因买卖纠纷起诉小华公司,双方商定了25天的举证时限,法院认可。时限届满后,小华公司提出还有一份发货单没有提供,申请延长举证时限,被法院驳回。庭审时小华公司向法庭提交该发货单。尽管大皮公司反对,但法院在对小华公司予以罚款后仍对该证据进行质证。下列哪一

---

① AB(原答案为ABC) ② B

· 47 ·

诉讼行为不符合举证时限的相关规定?①
A. 双方当事人协议确定举证时限
B. 双方确定了 25 天的举证时限
C. 小华公司在举证时限届满后申请延长举证时限
D. 法院不顾大皮公司反对,依然组织质证

考点25 证明程序之二:法院调查收集证据

131. 2012/3/83/多

关于法院依职权调查事项的范围,下列哪些选项是正确的?②
A. 本院是否享有对起诉至本院案件的管辖权
B. 委托诉讼代理人的代理权限范围
C. 当事人是否具有诉讼权利能力
D. 合议庭成员是否存在回避的法定事由

132. 2008/3/90/任

关于民事诉讼中的证据收集,下列哪些选项是正确的?③
A. 在王某诉齐某合同纠纷一案中,该合同可能存在损害第三人利益的事实,在此情况下法院可以主动收集证据
B. 在胡某诉黄某侵权一案中,因客观原因胡某未能提供一项关键证据,在此情况下胡某可以申请法院收集证据
C. 在周某诉贺某借款纠纷一案中,周某因自己没有时间收集证据,于是申请法院调查收集证据,在此情况下法院应当进行调查收集
D. 在武某诉赵某一案中,武某申请法院调查收集证据,但未获法院准许,武某可以向受案法院申请复议一次

考点26 证明程序之三:质证与证据的认定

133. 2021 回忆/单

甲起诉乙要求归还借款 10 万元,乙向法庭提交了具有甲签名的收条复印件,其内容表述为"已收到乙归还的借款 10 万元"。关于该收条复印件,下列哪一项说法是正确的?④
A. 该收条为直接证据 B. 该收条为反证
C. 该收条没有证据能力 D. 该收条没有证明力

---

① C ② ABCD ③ AB(原答案为 ABD) ④ A

| 刷题表 | 时 间 | 题号 | 一刷 | 二刷 | 题号 | 一刷 | 二刷 | 题号 | 一刷 | 二刷 | 题号 | 一刷 | 二刷 |

134. 2018 回忆/单

甲向乙借款,但未签订书面协议,甲长期不归还借款。乙约谈甲并私自录音,在约谈中甲承认向乙借款 10 万元,利息为 5000 元,并请求乙减免。乙随后将该录音剪辑后作为主要证据向法院提起诉讼。下列说法正确的是:①

A. 该录音符合法律规定,具有证据能力
B. 该录音经过剪辑后存有疑点,不具有证据能力
C. 该录音是为达成和解而作出的妥协,不具有证据能力
D. 该录音是乙私自录制的,未经甲同意,不具有证据能力

135. 2017/3/80/多

叶某诉汪某借款纠纷案,叶某向法院提交了一份内容为汪某向叶某借款 3 万元并收到该 3 万元的借条复印件,上有"本借条原件由汪某保管,借条复印件与借条原件具有同等效力"字样,并有汪某的署名。法院据此要求汪某提供借条原件,汪某以证明责任在原告为由拒不提供,后又称找不到借条原件。证人刘某作证称,他是汪某向叶某借款的中间人,汪某向叶某借款的事实确实存在;另外,汪某还告诉刘某,他在叶某起诉之后把借条原件烧毁,汪某在法庭质证中也予以承认。在此情况下,下列哪些选项是正确的?②

A. 法院可根据叶某提交的借条复印件,结合刘某的证言对案涉借款事实进行审查判断
B. 叶某提交给法院的借条复印件是案涉借款事实的传来证据
C. 法院可认定汪某向叶某借款 3 万元的事实
D. 法院可对汪某进行罚款、拘留

136. 2013/3/85/多

高某诉张某合同纠纷案,终审高某败诉。高某向检察院反映,其在一审中提了偷录双方谈判过程的录音带,其中有张某承认货物存在严重质量问题的陈述,足以推翻原判,但法院从未组织质证。对此,检察院提起抗诉。关于再审程序中证据的表述,下列哪些选项是正确的?③

A. 再审质证应当由高某、张某和检察院共同进行
B. 该录音带属于电子数据,高某应当提交证据原件进行质证
C. 虽然该录音带系高某偷录,但仍可作为质证对象

---

① A ② ABCD ③ CD

D. 如再审法院认定该录音带涉及商业秘密,应当依职权决定不公开质证

137. 2008/3/98/任

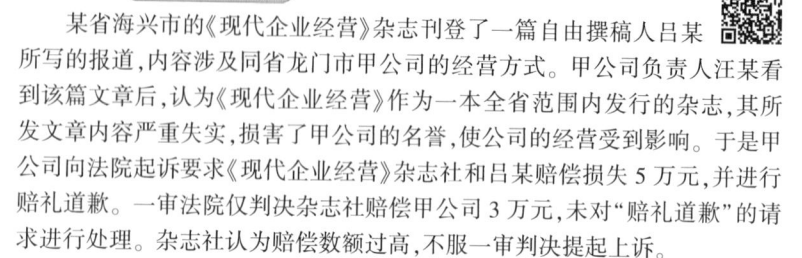

某省海兴市的《现代企业经营》杂志刊登了一篇自由撰稿人吕某所写的报道,内容涉及同省龙门市甲公司的经营方式。甲公司负责人汪某看到该篇文章后,认为《现代企业经营》作为一本全省范围内发行的杂志,其所发文章内容严重失实,损害了甲公司的名誉,使公司的经营受到影响。于是甲公司向法院起诉要求《现代企业经营》杂志社和吕某赔偿损失5万元,并进行赔礼道歉。一审法院仅判决杂志社赔偿甲公司3万元,未对"赔礼道歉"的请求进行处理。杂志社认为赔偿数额过高,不服一审判决提起上诉。

在案件的一审过程中,关于本案的证据,下列选项正确的是:①

A. 因旷工而被甲公司开除了的甲公司原员工于某所提供的证言不能单独作为认定案件事实的证据
B. 吕某在采访甲公司某名保安时,采用录音笔偷录下双方的谈话,因该录音比较模糊,所以不能单独作为认定案件事实的证据
C. 甲公司提供的考勤数据表,属于一方当事人提出的证据,不能单独作为认定案件事实的证据
D. 《现代企业经营》杂志社在庭审过程中,收到了甲公司员工刚刚提供的反映甲公司员工作息时间的一份材料,该材料可以作为新证据提交法庭

专题九 人民法院调解

考点27 法院调解

138. 2020回忆/多

岳某起诉刘某离婚,在诉讼中二人达成调解协议,法院据此制作调解书,并通知岳某和刘某到法院领取调解书。岳某到法院领取并签收了调解书,刘某一直未领取。后岳某反悔,不愿意离婚,下列哪些说法是正确的?②

A. 岳某可以反悔,法院应当依调解协议制作判决书
B. 岳某可以反悔,法院应当根据案件审理情况制作判决书
C. 岳某不能反悔,因为其已经签收调解书
D. 岳某可以向法院申请撤回起诉

① ABD ② CD

| 刷题表 | 时间 | 题号 | 一刷 | 二刷 | 题号 | 一刷 | 二刷 | 题号 | 一刷 | 二刷 | 题号 | 一刷 | 二刷 |

139． 2016/3/42/单

甲公司因合同纠纷向法院提起诉讼,要求乙公司支付货款280万元。在法院的主持下,双方达成调解协议。协议约定:乙公司在调解书生效后10日内支付280万元本金,另支付利息5万元。为保证协议履行,双方约定由丙公司为乙公司提供担保,丙公司同意。法院据此制作调解书送达各方,但丙公司反悔拒绝签收。关于本案,下列哪一选项是正确的?①

A. 调解协议内容尽管超出了当事人诉讼请求,但仍具有合法性
B. 丙公司反悔拒绝签收调解书,法院可以采取留置送达
C. 因丙公司反悔,调解书对其没有效力,但对甲公司、乙公司仍具有约束力
D. 因丙公司反悔,法院应当及时作出判决

140． 2016/3/85/多

达善公司因合同纠纷向甲市A区法院起诉美国芙泽公司,经法院调解双方达成调解协议。关于本案的处理,下列哪些选项是正确的?②

A. 法院应当制作调解书
B. 法院调解书送达双方当事人后即发生法律效力
C. 当事人要求根据调解协议制作判决书的,法院应当予以准许
D. 法院可以将调解协议记入笔录,由双方签字即发生法律效力

141． 2012/3/35/单

村民甲、乙因相邻关系发生纠纷,甲诉至法院,要求判决乙准许其从乙承包的土地上通过。审理中,法院主动了解和分析甲通过乙土地的合理性,听取其他村民的意见,并请村委会主任做双方工作,最终促成双方同意调解。调解时邀请了村中有声望的老人及当事人的共同朋友参加,双方互相让步达成协议,恢复和睦关系。关于法院的做法,下列哪一说法是正确的?③

A. 法院突破审判程序,违反了依法裁判原则
B. 他人参与调解,影响当事人意思表达,违反了辩论原则
C. 双方让步放弃诉求和权益,违反了处分原则
D. 体现了司法运用法律手段,发挥调解功能,能动履职的要求

142． 2011/3/42/单

根据《民事诉讼法》及相关司法解释,关于法院调解,下列哪一选项是错误的?④

① A ② ABC ③ D ④ C

· 51 ·

A. 法院可以委托与当事人有特定关系的个人进行调解,达成协议的,法院应当依法予以确认
B. 当事人在诉讼中自行达成和解协议的,可以申请法院依法确认和解协议并制作调解书
C. 法院制作的调解书生效后都具有执行力
D. 法院调解书确定的担保条款的条件成就时,当事人申请执行的,法院应当依法执行

143. 2011/3/96/任

2011年7月11日,A市升湖区法院受理了黎明丽(女)诉张成功(男)离婚案。7月13日,升湖区法院向张成功送达了起诉状副本。7月18日,张成功向升湖区法院提交了答辩状,未对案件的管辖权提出异议。8月2日,张成功向升湖区法院提出管辖权异议申请,称其与黎明丽已分居2年,分别居住于A市安平区各自父母家中。A市升湖区法院以申请管辖权异议超过申请期限为由,裁定驳回张成功管辖权异议申请。后,升湖区法院查明情况,遂裁定将案件移送安平区法院。安平区法院接受移送,确定适用简易程序审理此案。

安平区法院在案件开庭审理时组织调解。

黎明丽声称:2005年12月,其与张成功结婚,后因张成功有第三者陈佳,感情已破裂,现要求离婚。黎明丽提出,离婚后儿子张好帅由其行使监护权,张成功每月支付抚养费1500元。现双方存款36万元(存折在张成功手中),由2人平分,生活用品归各自所有,不存在其他共有财产分割争议。

张成功承认:2005年12月,其与黎明丽结婚,自己现在有了第三者,36万元存款在自己手中,同意离婚,同意生活用品归各自所有,同意不存在其他共有财产分割争议。不同意支付张好帅抚养费,因其是黎明丽与前男友所生。

黎明丽承认:张好帅是其与前男友所生,但在户籍登记上,张成功与张好帅为父子关系,多年来父子相称,形成事实上的父子关系,故要求张成功支付抚养费。

调解未能达成协议。在随后的庭审中,黎明丽坚持提出的请求;张成功对调解中承认的多数事实和同意的请求予以认可,但否认了有第三者一事,仍不同意支付张好帅抚养费。黎明丽要求法院通知第三者陈佳以无独立请求权的第三人身份参加诉讼。

安平区法院作出判决:解除黎明丽、张成功婚姻关系;张好帅由黎明丽行

使监护权,张成功每月支付抚养费700元;存款双方平分,生活用品归个人所有,不存在其他共有财产分割争议。法院根据调解中被告承认自己有第三者的事实,认定双方感情破裂,张成功存在过失。

关于本案调解,下列选项正确的是:①
A. 法院在开庭审理时先行调解的做法符合法律或司法解释规定
B. 法院在开庭审理时如不先行组织调解,将违反法律或司法解释规定
C. 当事人未达成调解协议,法院在当事人同意情况下可以再次组织调解
D. 当事人未达成调解协议,法院未再次组织调解违法

考点28 诉讼和解

144. 2012/3/39/单

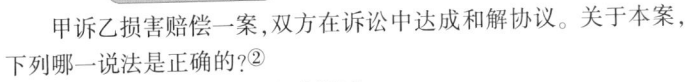

甲诉乙损害赔偿一案,双方在诉讼中达成和解协议。关于本案,下列哪一说法是正确的?②
A. 当事人无权向法院申请撤诉
B. 因当事人已达成和解协议,法院应当裁定终结诉讼程序
C. 当事人可以申请法院依和解协议内容制作调解书
D. 当事人可以申请法院依和解协议内容制作判决书

145. 2009/3/84/多

关于民事诉讼中的法院调解与诉讼和解的区别,下列哪些选项是正确的?③
A. 法院调解是法院行使审判权的一种方式,诉讼和解是当事人对自己的实体权利和诉讼权利进行处分的一种方式
B. 法院调解的主体包括双方当事人和审理该案件的审判人员,诉讼和解的主体只有双方当事人
C. 法院调解以《民事诉讼法》为依据,具有程序上的要求,诉讼和解没有严格的程序要求
D. 经过法院调解达成的调解协议生效后如有给付内容则具有强制执行力,经过诉讼和解达成的和解协议即使有给付内容也不具有强制执行力

① ABC ② C ③ ABCD

专题十 期间、送达

考点29 期间

146. 2015/3/41/单

张兄与张弟因遗产纠纷诉至法院,一审判决张兄胜诉。张弟不服,却在赴法院提交上诉状的路上被撞昏迷,待其经抢救苏醒时已超过上诉期限一天。对此,下列哪一说法是正确的?①

A. 法律上没有途径可对张弟上诉权予以补救
B. 因意外事故耽误上诉期限,法院应依职权决定顺延期限
C. 张弟可在清醒后10日内,申请顺延期限,是否准许,由法院决定
D. 上诉期限为法定期间,张弟提出顺延期限,法院不应准许

147. 2012/3/38/单

关于《民事诉讼法》规定的期间制度,下列哪一选项是正确的?②

A. 法定期间都属于绝对不可变期间
B. 涉外案件的审理不受案件审结期限的限制
C. 当事人从外地到法院参加诉讼的在途期间不包括在期间内
D. 当事人有正当理由耽误了期间,法院应当依职权为其延展期间

148. 2011/3/41/单

根据《民事诉讼法》和民事诉讼理论,关于期间,下列哪一选项是正确的?③

A. 法定期间都是不可变期间,指定期间都是可变期间
B. 法定期间的开始日及期间中遇有节假日的,应当在计算期间时予以扣除
C. 当事人参加诉讼的在途期间不包括在期间内
D. 遇有特殊情况,法院可依职权变更原确定的指定期间

考点30 送达

149. 2023回忆/单

高某因合同纠纷起诉冯某,法院工作人员到冯某家中送达起诉状

① C ② B ③ D

| 刷题表 | 时 间 | 题号 | 一刷 | 二刷 | 题号 | 一刷 | 二刷 | 题号 | 一刷 | 二刷 | 题号 | 一刷 | 二刷 |

副本时,发现家中无人,通过冯某的邻居了解到冯某在外地务工,已一年多未回来居住。对此,法院可采取下列哪种方式完成送达?①

A. 电子送达
B. 留置送达
C. 邮寄送达
D. 公告送达

150. 2018 回忆/单

法院通过电子邮件告知甲领取判决书,甲让诉讼代理人乙代取,乙发现甲败诉,对判决结果不认可,拒签送达回证,送达人员在回证上注明乙拒收,由有关见证人签名。关于本案的送达,下列哪一选项是正确的?②

A. 构成直接送达
B. 构成委托送达
C. 构成电子送达
D. 构成留置送达

151. 2014/3/42/多 新法改编

张某诉美国人海斯买卖合同一案,由于海斯在我国无住所,法院无法与其联系,遂要求张某提供双方的电子邮件地址,电子送达了诉讼文书,并在电子邮件中告知双方当事人在收到诉讼文书后予以回复,但开庭之前法院只收到张某的回复,一直未收到海斯的回复。后法院在海斯缺席的情况下,对案件作出判决,驳回张某的诉讼请求,并同样以电子送达的方式送达判决书,但法院也只收到了张某的回复,没有收到海斯的回复。关于本案诉讼文书的电子送达,下列哪些做法是合法的?③

A. 向张某送达举证通知书
B. 向张某送达缺席判决书
C. 向海斯送达举证通知书
D. 向海斯送达缺席判决书

152. 2013/3/39/多

关于法院的送达行为,下列哪些选项是正确的?④

A. 陈某以马某不具有选民资格向法院提起诉讼,由于马某拒不签收判决书,法院向其留置送达
B. 法院通过邮寄方式向葛某送达开庭传票,葛某未寄回送达回证,送达无效,应当重新送达
C. 法院在审理张某和赵某借款纠纷时,委托赵某所在学校代为送达起诉

---

① D ② A ③ AB(原答案为 A)。原为单选题,根据新法答案有变化,调整为多选题
④ AD(原答案为 A)。原为单选题,根据新法答案有变化,调整为多选题

状副本和应诉通知

D. 经许某同意,法院用电子邮件方式向其送达证据保全裁定书

153. 2009/3/43/单

甲起诉要求与妻子乙离婚,法院经审理判决不予准许。书记员两次到甲住所送达判决书,甲均拒绝签收。书记员的下列哪一做法是正确的?①

A. 将判决书交给甲的妻子乙转交
B. 将判决书交给甲住所地居委会转交
C. 请甲住所地居委会主任到场见证并将判决书留在甲住所
D. 将判决书交给甲住所地派出所转交

专题十一 保全和先予执行

考点31 保全制度

154. 2021 回忆/单

小丁大学毕业后未找到工作,寄住在舅舅家中。舅舅嫌弃小丁不思进取、游手好闲,经常辱骂小丁,小丁不堪其辱,遂向甲市乙区法院申请禁止令,要求禁止舅舅辱骂自己,获得法院支持。舅舅认为自己对小丁只是正常管教,对禁止令有异议。对此,舅舅可采取下列哪一救济措施?②

A. 向甲市中级法院上诉
B. 向乙区法院申请复议
C. 向乙区法院申请再审
D. 向乙区法院提出申诉

155. 2019 回忆/任

位于某省青山县的甲公司和该省白水县的乙公司订立水果买卖合同,甲公司付款后,乙公司迟迟不发货,甲公司担心乙公司的发货能力,于是向水果仓库所在地丰源县法院申请保全,法院采取相应保全措施后,甲公司向白水县法院提起诉讼。下列选项正确的是:③

A. 甲公司应当提供担保
B. 丰源县法院应当冻结这批水果

① C ② B ③ AC

C. 白水县法院受理案件后,丰源县法院应当将保全的财产一并移送白水县法院

D. 白水县法院受理案件后,应当将案件移送丰源县法院

156. 2016/3/43/单

李某与温某之间债权债务纠纷经甲市 M 区法院审理作出一审判决,要求温某在判决生效后 15 日内偿还对李某的欠款。双方均未提起上诉。判决履行期内,李某发现温某正在转移财产,温某位于甲市 N 区有可供执行的房屋一套,故欲申请法院对该房屋采取保全措施。关于本案,下列哪一选项是正确的?①

A. 此时案件已经审理结束且未进入执行阶段,李某不能申请法院采取保全措施

B. 李某只能向作出判决的甲市 M 区法院申请保全

C. 李某可向甲市 M 区法院或甲市 N 区法院申请保全

D. 李某申请保全后,其在生效判决书指定的履行期间届满后 15 日内不申请执行的,法院应当解除保全措施

157. 2015/3/80/多

李根诉刘江借款纠纷一案在法院审理,李根申请财产保全,要求法院扣押刘江向某小额贷款公司贷款时质押给该公司的两块名表。法院批准了该申请,并在没有征得该公司同意的情况下采取保全措施。对此,下列哪些选项是错误的?②

A. 一般情况下,某小额贷款公司保管的两块名表应交由法院保管

B. 某小额贷款公司因法院采取保全措施而丧失了对两块名表的质权

C. 某小额贷款公司因法院采取保全措施而丧失了对两块名表的优先受偿权

D. 法院可以不经某小额贷款公司同意对其保管的两块名表采取保全措施

158. 2015/3/81/多

甲公司生产的"晴天牌"空气清新器销量占据市场第一,乙公司见状,将自己生产的同类型产品注册成"清天牌",并全面仿照甲公司产品,使消费者难以区分。为此,甲公司欲起诉乙公司侵权,同时拟申请诉前禁令,禁止乙公司销售该产品。关于诉前保全,下列哪些选项是正确的?③

---

① C ② ABC ③ ABC

A. 甲公司可向有管辖权的法院申请采取保全措施,并应当提供担保
B. 甲公司可向被申请人住所地法院申请采取保全措施,法院受理后,须在 48 小时内作出裁定
C. 甲公司可向有管辖权的法院申请采取保全措施,并应当在 30 天内起诉
D. 甲公司如未在规定期限内起诉,保全措施自动解除

159. 2014/3/97/任

甲县的葛某和乙县的许某分别拥有位于丙县的云峰公司 50%的股份。后由于二人经营理念不合,已连续四年未召开股东会,无法形成股东会决议。许某遂向法院请求解散公司,并在法院受理后申请保全公司的主要资产(位于丁县的一块土地的使用权)。

关于许某的财产保全申请,下列说法正确的是:①
A. 本案是给付之诉,法院可作出保全裁定
B. 本案是变更之诉,法院不可作出保全裁定
C. 许某在申请保全时应提供担保
D. 如果法院认为采取保全措施将影响云峰公司的正常经营,应驳回保全申请

160. 2008/3/43/单

甲公司以乙公司为被告向法院提起诉讼,要求乙公司支付拖欠的货款 100 万元。在诉讼中,甲公司申请对乙公司一处价值 90 万元的房产采取保全措施,并提供担保。一审法院在作出财产保全裁定之后发现,乙公司在向丙银行贷款 100 万元时已将该房产和一辆小轿车抵押给丙银行。关于本案,下列哪一说法是正确的?②
A. 一审法院不能对该房产采取保全措施,因为该房产已抵押给丙银行
B. 一审法院可以对该房产采取保全措施,但是需要征得丙银行的同意
C. 一审法院可以对该房产采取保全措施,但是丙银行仍然享有优先受偿权
D. 一审法院可以对该房产采取保全措施,同时丙银行的优先受偿权丧失

161. 2008/3/87/任

A 地甲公司与 B 地乙公司签订买卖合同,约定合同履行地在 C

① CD ② C

地,乙到期未能交货。甲多次催货未果,便向 B 地基层法院起诉,要求判令乙按照合同约定交付货物,并支付违约金。法院受理后,甲得知乙将货物放置于其设在 D 地的仓库,并且随时可能转移。下列哪些选项是错误的?①

A. 甲如果想申请财产保全,必须向货物所在地的 D 地基层法院提出
B. 甲如果要向法院申请财产保全,必须提供担保
C. 受诉法院如果认为确有必要,可以直接作出财产保全裁定
D. 法院受理甲的财产保全申请后,应当在 48 小时内作出财产保全裁定

考点32 先予执行

162. 2022回忆/单

杜某是甲公司员工,因公司拖欠工资多次追索无果,杜某向甲公司所在地的劳动争议仲裁委员会申请劳动争议仲裁。案件受理后,因生活严重困难,杜某向仲裁庭申请先予执行。关于仲裁庭对申请的处理,下列哪一表述是正确的?②

A. 移送甲公司住所地法院审查
B. 裁定先予执行,由劳动争议仲裁委员会执行
C. 裁定先予执行,移送甲公司住所地法院执行
D. 不准许先予执行

163. 2012/3/82/多

关于财产保全和先予执行,下列哪些选项是正确的?③

A. 二者的裁定都可以根据当事人的申请或法院依职权作出
B. 二者适用的案件范围相同
C. 当事人提出财产保全或先予执行的申请时,法院可以责令其提供担保,当事人拒绝提供担保的,驳回申请
D. 对财产保全和先予执行的裁定,当事人不可以上诉,但可以申请复议一次

164. 2009/3/99/任

常年居住在 Y 省 A 县的王某早年丧妻,独自一人将两个儿子和一个女儿养大成人。大儿子王甲居住在 Y 省 B 县,二儿子王乙居住在 Y 省 C 县,女儿王丙居住在 W 省 D 县。2000 年以来,王某的日常生活费用主要来自

① ABD ② C ③ CD

刷题表	时 间	题号	一刷	二刷	题号	一刷	二刷	题号	一刷	二刷	题号	一刷	二刷

大儿子王甲每月给的800元生活费。2003年12月,由于物价上涨,王某要求二儿子王乙每月也给一些生活费,但王乙以自己没有固定的工作、收入不稳定为由拒绝。于是,王某将王乙告到法院,要求王乙每月支付给自己赡养费500元。

诉讼过程中,Y省适逢十年不遇的冰雪天气,王某急需生煤炉取暖,但已无钱买煤。王某听说王乙准备把自己存折上3,000多元钱转到一个朋友的账户上。对此,王某可以向法院申请采取的措施是:①

A. 对妨害民事诉讼的强制措施
B. 诉讼保全措施
C. 证据保全措施
D. 先予执行措施

专题十二 对妨害民事诉讼行为的强制措施

考点33 妨害民事诉讼的行为及种类

165. 2019 回忆/多

李某在网上发表言论捏造某公众人物胡某与多名女性发生或保持不正当性关系,胡某为此提起诉讼,法院终审判决李某赔礼道歉。判决生效后,李某未在指定时间内履行赔礼道歉的义务。对此,可以对李某采取下列哪些措施?②

A. 责令李某支付迟延履行金
B. 采取公告、登报等方式,将判决主要内容公之于众,费用由李某承担
C. 责令李某支付加倍迟延履行期间的债务利息
D. 对李某采取拘留、罚款等措施

专题十三 普通程序

考点34 起诉与受理

166. 2019 回忆/多

甲公司欠乙公司货款500万元,乙公司起诉甲公司还款,法院判决支持了乙公司的诉讼请求。后乙公司发现甲公司对丙公司享有300万元债

---
① BD ② ABD

权,且怠于行使,于是提起诉讼,要求丙公司直接向其清偿300万元。下列哪些说法是正确的?①

　A. 乙公司的行为构成重复起诉
　B. 乙公司的行为不构成重复起诉
　C. 乙公司可以提起代位权诉讼
　D. 法院应不予受理,受理的应当裁定驳回起诉

167. 2017/3/42/单

甲、乙两公司签订了一份家具买卖合同,因家具质量问题,甲公司起诉乙公司要求更换家具并支付违约金3万元。法院经审理判决乙公司败诉,乙公司未上诉。之后,乙公司向法院起诉,要求确认该家具买卖合同无效。对乙公司的起诉,法院应采取下列哪一处理方式?②

　A. 予以受理　　　　　　　　B. 裁定不予受理
　C. 裁定驳回起诉　　　　　　D. 按再审处理

168. 2015/3/48/单

张丽因与王旭感情不和,长期分居,向法院起诉要求离婚。法院向王旭送达应诉通知书,发现王旭已于张丽起诉前因意外事故死亡。关于本案,法院应作出下列哪一裁判?③

　A. 诉讼终结的裁定　　　　　B. 驳回起诉的裁定
　C. 不予受理的裁定　　　　　D. 驳回诉讼请求的判决

169. 2013/3/44/单

何某因被田某打伤,向甲县法院提起人身损害赔偿之诉,法院予以受理。关于何某起诉行为将产生的法律后果,下列哪一选项是正确的?④

　A. 何某的诉讼时效中断
　B. 田某的答辩期开始起算
　C. 甲县法院取得排他的管辖权
　D. 田某成为适格被告

170. 2012/3/79/多

关于起诉与受理的表述,下列哪些选项是正确的?⑤

　A. 法院裁定驳回起诉的,原告再次起诉符合条件的,法院应当受理

① BC　② B　③ B　④ A　⑤ ABD

· 61 ·

B. 法院按撤诉处理后,当事人以同一诉讼请求再次起诉的,法院应当受理
C. 判决不准离婚的案件,当事人没有新事实和新理由再次起诉的,法院一律不予受理
D. 当事人超过诉讼时效起诉的,法院应当受理

171. 2010/3/36/单

王某以借款纠纷为由起诉吴某。经审理,法院认为该借款关系不存在,王某交付吴某的款项为应支付的货款,王某与吴某之间存在买卖关系而非借用关系。法院向王某作出说明,但王某坚持己见,不予变更诉讼请求和理由。法院遂作出裁定,驳回王某的诉讼请求。关于本案,下列哪一说法是正确的?①

A. 法院违反了不告不理原则
B. 法院适用裁判形式错误
C. 法院违反了辩论原则
D. 法院违反了处分原则

172. 2009/3/100/任

常年居住在 Y 省 A 县的王某早年丧妻,独自一人将两个儿子和一个女儿养大成人。大儿子王甲居住在 Y 省 B 县,二儿子王乙居住在 Y 省 C 县,女儿王丙居住在 W 省 D 县。2000 年以来,王某的日常生活费用主要来自大儿子王甲每月给的 800 元生活费。2003 年 12 月,由于物价上涨,王某要求二儿子王乙每月也给一些生活费,但王乙以自己没有固定的工作、收入不稳定为由拒绝。于是,王某将王乙告到法院,要求王乙每月支付给自己赡养费 500 元。

本案于 2004 年 6 月调解结案,王某生活费有了增加。但 2008 年 3 月后,由于王某经常要看病,原调解书确定王乙所给的赡养费用及王甲所给费用已经不足以维持王某的日常开支,王某欲增加赡养费。对此,王某可以采取的法律措施是:②

A. 增加诉讼请求,要求法院对原来的案件继续审理
B. 申请对原来的案件进行再审
C. 另行提起诉讼
D. 根据一事不再理的原则,王某不可以要求继续审理或申请再审,也不可以另行起诉,只可以协商解决

---

① B ② C

刷题表	时间	题号	一刷	二刷	题号	一刷	二刷	题号	一刷	二刷	题号	一刷	二刷

考点35 开庭审理

173．2023 回忆/单

谢某租住余某的房屋,某日不慎损坏了屋内的实木地板。二人就赔偿协商无果,余某起诉谢某要求解除租赁合同并赔偿修复款 1 万元,法院判决余某胜诉。谢某不服一审判决提起上诉。二审法院以事实不清为由,裁定发回重审。在重审期间,因地板材料涨价,余某变更诉讼请求,要求谢某将地板恢复原状。关于本案,下列哪一说法是正确的?①

A. 法院不能按照原审证据材料认定事实
B. 余某应受到原一审程序的约束
C. 法院应根据余某变更后的诉讼请求审理案件
D. 法院应当驳回余某变更诉讼请求的要求

174．2021 回忆/单

某省规定不超过 3000 万元的财产纠纷由基层法院管辖。龙玉公司在该省甲市乙区法院起诉丰和公司支付工程款 2500 万元。法庭辩论终结后,合议庭评议一致决定支持龙玉公司的诉讼请求。准备写判决书时,龙玉公司变更诉讼请求要求丰和公司支付工程款 3500 万元。对此,法院的下列哪一做法是正确的?②

A. 直接移送甲市中级法院审理
B. 直接就 2500 万元诉讼请求作出判决
C. 重新进行法庭调查
D. 丰和公司提出管辖权异议后移送管辖

175．2013/3/36/单

执法为民是社会主义法治的本质要求,据此,法院和法官应在民事审判中遵守诉讼程序,履行释明义务。下列哪一审判行为符合执法为民的要求?③

A. 在李某诉赵某的欠款纠纷中,法官向赵某释明诉讼时效,建议赵某提出诉讼时效抗辩
B. 在张某追索赡养费的案件中,法官依职权作出先予执行裁定
C. 在杜某诉阎某的离婚案件中,法官向当事人释明可以同时提出离婚损害赔偿

① C ② B ③ C

D. 在罗某诉华兴公司房屋买卖合同纠纷中,法官主动走访现场,进行勘察,并据此支持了罗某的请求

176. 2013/3/43/单

下列哪一选项中法院的审判行为,只能发生在开庭审理阶段?①

A. 送达法律文书
B. 组织当事人进行质证
C. 调解纠纷,促进当事人达成和解
D. 追加必须参加诉讼的当事人

考点36 撤诉和缺席判决

177. 2009/3/46/单

齐某起诉宋某要求返还借款八万元,法院适用普通程序审理并向双方当事人送达出庭传票,因被告宋某不在家,宋某的妻子代其签收了传票。开庭时,被告宋某未到庭。经查,宋某已离家出走,下落不明。关于法院对本案的处理,下列哪一选项是正确的?②

A. 法院对本案可以进行缺席判决
B. 法院应当对被告宋某重新适用公告方式送达传票
C. 法院应当通知宋某的妻子以诉讼代理人的身份参加诉讼
D. 法院应当裁定中止诉讼

178. 2008/3/79/多

关于对当事人及其法定代理人的缺席判决,下列哪些选项是正确的?③

A. 原告经法院传票传唤,无正当理由拒不到庭的,或者未经法庭许可中途退庭的,可以按撤诉处理;被告反诉的,法院可以缺席判决
B. 无民事行为能力人离婚案件,当事人的法定代理人应当到庭,法定代理人不能到庭的,法院应当在查清事实的基础上,依法作出缺席判决
C. 有独立请求权第三人经法院传票传唤,无正当理由拒不到庭的,或者未经法庭许可中途退庭的,法院可以缺席判决
D. 无独立请求权第三人经法院传票传唤,无正当理由拒不到庭的,或者未经法庭许可中途退庭的,法院可以缺席判决

① B ② A ③ ABD

| 刷题表 | 时间 | 题号 | 一刷 | 二刷 | 题号 | 一刷 | 二刷 | 题号 | 一刷 | 二刷 | 题号 | 一刷 | 二刷 |

考点37 诉讼阻碍(延期审理、诉讼中止与终结)

179. 2021回忆/单

殷某和郑某办理结婚手续后,殷某向法院起诉确认婚姻无效。诉讼过程中郑某突发疾病死亡,其没有任何直系亲属。对此,法院的下列哪一做法是正确的?①

A. 裁定诉讼终结
B. 裁定诉讼中止
C. 继续审理后作出判决
D. 追加民政部门为诉讼参加人

180. 2020回忆/多

甲与乙签订了借款合同,丙系该合同的连带保证人。借款期限届满后,甲一直未还钱,且甲涉嫌诈骗。乙向公安局举报甲存在诈骗行为,然后向法院起诉丙要求其还钱。关于本案的处理方式,下列选项中哪些说法是正确的?②

A. 法院应裁定中止民事诉讼,等待刑事案件审理完毕后再恢复民事诉讼程序
B. 法院应当追加甲为共同被告
C. 本案的民事诉讼程序与刑事诉讼程序互不影响,各自进行
D. 就甲存在欺诈这一事实,本案民事诉讼和刑事诉讼程序的证明标准相同

181. 2017/3/81/多

对张男诉刘女离婚案(两人无子女,刘父已去世),因刘女为无行为能力人,法院准许其母李某以法定代理人身份代其诉讼。2017年7月3日,法院判决二人离婚,并对双方共有财产进行了分割。该判决同日送达双方当事人,李某对解除其女儿与张男的婚姻关系无异议,但对共有财产分割有意见,拟提起上诉。2017年7月10日,刘女身亡。在此情况下,本案将产生哪些法律后果?③

A. 本案诉讼中止,视李某是否就一审判决提起上诉而确定案件是否终结
B. 本案诉讼终结
C. 一审判决生效,二人的夫妻关系根据判决解除,李某继承判决分配给

① C ② CD ③ BD

刘女的财产

D. 一审判决未生效,二人的共有财产应依法分割,张男与李某对刘女的遗产均有继承权

182． 2011/3/81/多

法院开庭审理时一方当事人未到庭,关于可能出现的法律后果,下列哪些选项是正确的?①

A. 延期审理
B. 按原告撤诉处理
C. 缺席判决
D. 采取强制措施拘传未到庭的当事人到庭

183． 2009/3/47/单

甲起诉与乙离婚,一审法院判决不予准许。甲不服一审判决提起上诉,在甲将上诉状递交原审法院后第三天,乙遇车祸死亡。此时,原审法院尚未将上诉状转交给二审法院。关于本案的处理,下列哪一选项是正确的?②

A. 终结诉讼
B. 驳回上诉
C. 不予受理上诉
D. 中止诉讼

184． 2009/3/85/多

法院对于诉讼中有关情况的处理,下列哪些做法是正确的?③

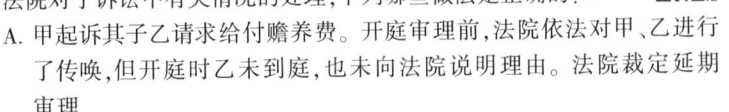

A. 甲起诉其子乙请求给付赡养费。开庭审理前,法院依法对甲、乙进行了传唤,但开庭时乙未到庭,也未向法院说明理由。法院裁定延期审理
B. 甲、乙人身损害赔偿一案,甲在前往法院的路上,胃病发作住院治疗。法院决定延期审理
C. 甲诉乙离婚案件,在案件审理中甲死亡。法院裁定按甲撤诉处理
D. 原告在诉讼中因车祸成为植物人,在原告法定代理人没有确定的期间,法院裁定中止诉讼

185． 2008/3/37/单

张某因孙某欠款不还向法院起诉。在案件审理中,孙某因盗窃被

---

① ABCD　② A(原答案为D)　③ BD

刑事拘留。关于本案,下列哪一选项是正确的?①

A. 法院应当裁定中止诉讼,待对孙某的刑事审判结束后再恢复诉讼程序
B. 法院应当裁定终结诉讼,并告知张某提起刑事附带民事诉讼
C. 法院应当继续审理此案
D. 法院应当将此案与孙某盗窃案合并审理

186． 2008/3/40/单

法院对于诉讼中有关情况的处理,下列哪一做法是正确的?②

A. 杨某与赵某损害赔偿一案,杨某在去往法院开庭的路上,突遇车祸,被送至医院急救。法院遂决定中止诉讼
B. 毛某与安某专利侵权纠纷一案,法庭审理过程中,发现需要重新进行鉴定,法院裁定延期审理
C. 甲公司诉乙公司合同纠纷一案,审理过程中,甲公司与其他公司合并,法院裁定诉讼终结
D. 丙公司诉丁公司租赁纠纷一案,法院审理中,发现本案必须以另一案的审理结果为依据,而该案又尚未审结,遂裁定诉讼中止

考点38 一审判决、裁定与决定

187． 2023回忆/单

徐某驾车撞伤唐某,起诉后法院判决徐某赔偿唐某10万元。该判决履行1年后,唐某左腿疼痛,经鉴定系车祸后遗症。唐某再次起诉,要求徐某赔偿5万元。关于法院对唐某再次起诉的处理,下列哪一说法是正确的?③

A. 既判力对标准时之前发生的事实有拘束力,应裁定驳回起诉
B. 既判力对标准时之后发生的事实没有拘束力,应予以受理
C. 车祸后遗症是既判力标准时之前发生的事实,应告知徐某申请再审
D. 车祸后遗症是既判力标准时之后发生的事实,应告知徐某申请再审

188． 2021回忆/任

甲因合同纠纷起诉乙,要求乙返还合同金额5万元,法院审理中查明合同金额应为50万元。法官询问甲,甲表示知晓合同金额,但因乙背信弃义,要分10次起诉给他教训。关于本案,下列说法正确的是:④

① C ② D ③ B ④ B

A. 法院对 50 万元作出判决不违反处分原则
B. 法院应对 5 万元作出判决,其既判力及于 50 万元
C. 法院应对 5 万元作出判决,其既判力仅及于 5 万元
D. 经过乙同意,法院可以将剩余 45 万元一并判决

189. 2021 回忆/单

郝某与刘某自愿结婚,刘某的母亲坚决反对,以刘某未达结婚年龄为由请求法院确认二人婚姻关系无效,但刘某坚决反对,刘某的母亲无奈之下向法院申请撤回起诉。法院应当如何处理?①

A. 调解结案
B. 裁定驳回起诉
C. 裁定准许撤回起诉
D. 不准许撤回起诉,判决确认婚姻无效

190. 2014/3/82/多

关于民事诉讼程序中的裁判,下列哪些表述是正确的?②

A. 判决解决民事实体问题,而裁定主要处理案件的程序问题,少数涉及实体问题
B. 判决都必须以书面形式作出,某些裁定可以口头方式作出
C. 一审判决都允许上诉,一审裁定有的允许上诉,有的不能上诉
D. 财产案件的生效判决都有执行力,大多数裁定都没有执行力

191. 2012/3/41/单

甲公司诉乙公司货款纠纷一案,A 市 B 区法院在审理中查明甲公司的权利主张已超过诉讼时效(乙公司并未提出时效抗辩),遂判决驳回甲公司的诉讼请求。判决作出后上诉期间届满之前,B 区法院发现其依职权适用诉讼时效规则是错误的。关于本案的处理,下列哪一说法是正确的?③

A. 因判决尚未发生效力,B 区法院可以将判决书予以收回,重新作出新的判决
B. B 区法院可以将判决书予以收回,恢复庭审并向当事人释明时效问题,视具体情况重新作出判决
C. B 区法院可以作出裁定,纠正原判决中的错误
D. 如上诉期间届满当事人未上诉的,B 区法院可以决定再审,纠正原判

---

① D ② AB ③ D

决中的错误

192. 2012/3/47/单

关于民事诉讼的裁定,下列哪一选项是正确的?①
A. 裁定可以适用于不予受理、管辖权异议和驳回诉讼请求
B. 当事人有正当理由没有到庭的,法院应当裁定延期审理
C. 裁定的拘束力通常只及于当事人、诉讼参与人和审判人员
D. 当事人不服一审法院作出的裁定,可以向上一级法院提出上诉

193. 2011/3/100/任

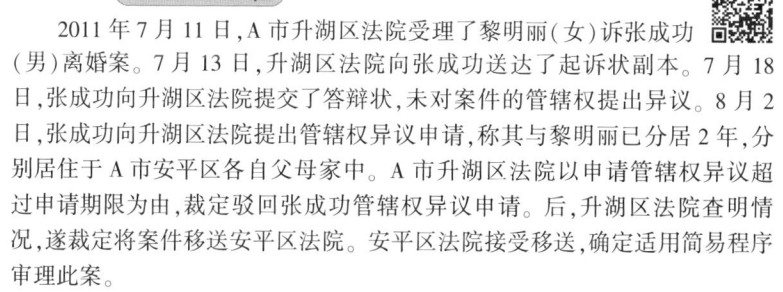

2011年7月11日,A市升湖区法院受理了黎明丽(女)诉张成功(男)离婚案。7月13日,升湖区法院向张成功送达了起诉状副本。7月18日,张成功向升湖区法院提交了答辩状,未对案件的管辖权提出异议。8月2日,张成功向升湖区法院提出管辖权异议申请,称其与黎明丽已分居2年,分别居住于A市安平区各自父母家中。A市升湖区法院以申请管辖权异议超过申请期限为由,裁定驳回张成功管辖权异议申请。后,升湖区法院查明情况,遂裁定将案件移送安平区法院。安平区法院接受移送,确定适用简易程序审理此案。

安平区法院在案件开庭审理时组织调解。

黎明丽声称:2005年12月,其与张成功结婚,后因张成功有第三者陈佳,感情已破裂,现要求离婚。黎明丽提出,离婚后儿子张好帅由其行使监护权,张成功每月支付抚养费1500元。现双方存款36万元(存折在张成功手中),由2人平分,生活用品归各自所有,不存在其他共有财产分割争议。

张成功承认:2005年12月,其与黎明丽结婚,自己现在有了第三者,36万元存款在自己手中,同意离婚,同意生活用品归各自所有,同意不存在其他共有财产分割争议。不同意支付张好帅抚养费,因其是黎明丽与前男友所生。

黎明丽承认:张好帅是其与前男友所生,但在户籍登记上,张成功与张好帅为父子关系,多年来父子相称,形成事实上的父子关系,故要求张成功支付抚养费。

调解未能达成协议。在随后的庭审中,黎明丽坚持提出的请求;张成功对调解中承认的多数事实和同意的请求予以认可,但否认了有第三者一事,仍不同意支付张好帅抚养费。黎明丽要求法院通知第三者陈佳以无独立请求

① C

权的第三人身份参加诉讼。

安平区法院作出判决:解除黎明丽、张成功婚姻关系;张好帅由黎明丽行使监护权,张成功每月支付抚养费700元;存款双方平分,生活用品归个人所有,不存在其他共有财产分割争议。法院根据调解中被告承认自己有第三者的事实,认定双方感情破裂,张成功存在过失。

关于法院宣判时应当向双方当事人告知的内容,下列选项正确的是:①

A. 上诉权利

B. 上诉期限

C. 上诉法院

D. 判决生效前不得另行结婚

专题十四　简易程序

考点39　简易程序

194． 2017/3/43/单

夏某因借款纠纷起诉陈某,法院决定适用简易程序审理。法院依夏某提供的被告地址送达时,发现有误,经多方了解和查证也无法确定准确地址。对此,法院下列哪一处理是正确的?②

A. 将案件转为普通程序审理

B. 采取公告方式送达

C. 裁定中止诉讼

D. 裁定驳回起诉

195． 2015/3/83/多

郑飞诉万雷侵权纠纷一案,虽不属于事实清楚、权利义务关系明确、争议不大的案件,但双方当事人约定适用简易程序进行审理,法院同意并以电子邮件的方式向双方当事人通知了开庭时间(双方当事人均未回复)。开庭时被告万雷无正当理由不到庭,法院作出了缺席判决。送达判决书时法院通过各种方式均未联系上万雷,遂采取了公告送达方式送达了判决书。对此,法院下列的哪些行为是违法的?③

A. 同意双方当事人的约定,适用简易程序对案件进行审理

B. 以电子邮件的方式向双方当事人通知开庭时间

① ABCD　② D　③ CD

C. 作出缺席判决

D. 采取公告方式送达判决书

196. 2014/3/79/多

当事人可对某些诉讼事项进行约定,法院应尊重合法有效的约定。关于当事人的约定及其效力,下列哪些表述是错误的?①

A. 当事人约定"合同是否履行无法证明时,应以甲方主张的事实为准",法院应根据该约定分配证明责任

B. 当事人在诉讼和解中约定"原告撤诉后不得以相同的事由再次提起诉讼",法院根据该约定不能再受理原告的起诉

C. 当事人约定"如果起诉,只能适用普通程序",法院根据该约定不能适用简易程序审理

D. 当事人约定"双方必须亲自参加开庭审理,不得无故缺席",如果被告委托了代理人参加开庭,自己不参加开庭,法院应根据该约定在对被告两次传唤后对其拘传

197. 2013/3/41/单

关于简易程序的简便性,下列哪一表述是不正确的?②

A. 受理程序简便,可以当即受理,当即审理

B. 审判程序简便,可以不按法庭调查、法庭辩论的顺序进行

C. 庭审笔录简便,可以不记录诉讼权利义务的告知、原被告的诉辩意见等通常性程序内容

D. 裁判文书简便,可以简化裁判文书的事实认定或判决理由部分

198. 2011/3/43/单

下列哪一选项属于《民事诉讼法》直接规定、具有简易程序特点的内容?③

A. 原告起诉或被告答辩时要向法院提供明确的送达地址

B. 适用简易程序审理的劳动合同纠纷在开庭审理时应先行调解

C. 在简易程序中,法院指定举证期限可以少于 30 天

D. 适用简易程序审理民事案件时,审判组织一律采用独任制

---

① ABCD ② C ③ D

199. 2010/3/87/多

关于适用简易程序的表述，下列哪些选项是正确的？①

A. 基层法院适用普通程序审理的民事案件，当事人双方可协议并经法院同意适用简易程序审理
B. 经双方当事人一致同意，法院制作判决书时可对认定事实或者判决理由部分适当简化
C. 法院可口头方式传唤当事人出庭
D. 当事人对案件事实无争议的，法院可不开庭径行判决

200. 2008/3/46/单

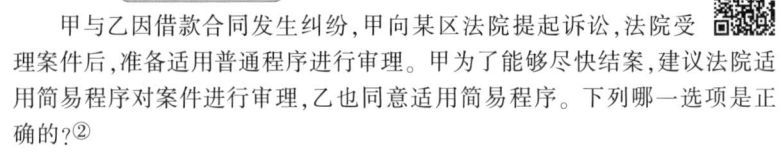

甲与乙因借款合同发生纠纷，甲向某区法院提起诉讼，法院受理案件后，准备适用普通程序进行审理。甲为了能够尽快结案，建议法院适用简易程序对案件进行审理，乙也同意适用简易程序。下列哪一选项是正确的？②

A. 普通程序审理的案件不能适用简易程序，因此，法院不可同意适用简易程序
B. 法院有权将普通程序审理转为简易程序，因此，甲、乙的意见无意义
C. 甲、乙可以自愿协商选择适用简易程序，无须经法院同意
D. 甲、乙有权自愿选择适用简易程序，但须经法院同意

考点40 小额诉讼程序

201. 2022回忆/多

A区的甲向B区的乙租赁仓库，仓库位于C区，月租金1万元。双方约定合同履行发生纠纷，向被告住所地法院起诉。因甲累计拖欠租金5万元，乙向A区法院起诉。A区法院适用小额诉讼程序审理，甲提出管辖权异议，称本案应由C区法院专属管辖，A区法院裁定驳回。A区法院作出的判决生效后，甲申请再审。关于本案，下列哪些表述是正确的？③

A. 甲可对驳回管辖权异议裁定提起上诉
B. 甲不可对驳回管辖权异议裁定提起上诉
C. 甲可向A区法院申请再审
D. 甲可向C区法院申请再审

---

① ABC ② C(原答案为D) ③ BC

刷题表	时 间	题号	一刷	二刷	题号	一刷	二刷	题号	一刷	二刷	题号	一刷	二刷

202． 2021 回忆/多

美国人麦克在中国生活期间，花费 500 元向中国卖家网购一件衬衫，因衬衫质量问题产生纠纷，麦克向互联网法院起诉。关于本案可适用的程序规则，下列哪些选项是正确的？①

A. 决定线下开庭审理

B. 电子送达判决书

C. 审判员独任审理

D. 适用小额诉讼程序审理

203． 2016/3/81/多

李某诉谭某返还借款一案，M 市 N 区法院按照小额诉讼案件进行审理，判决谭某返还借款。判决生效后，谭某认为借款数额远高于法律规定的小额案件的数额，不应按小额案件审理，遂向法院申请再审。法院经审查，裁定予以再审。关于该案再审程序适用，下列哪些选项是正确的？②

A. 谭某应当向 M 市中级法院申请再审

B. 法院应当组成合议庭审理

C. 对作出的再审判决当事人可以上诉

D. 作出的再审判决仍实行一审终审

204． 2015/3/84/多

根据《民事诉讼法》相关司法解释，下列哪些案件不适用小额诉讼程序？③

A. 人身关系案件　　　　B. 涉外民事案件

C. 海事案件　　　　　　D. 发回重审的案件

205． 2014/3/40/单

赵洪诉陈海返还借款 100 元，法院决定适用小额诉讼程序审理。关于该案的审理，下列哪一选项是错误的？④

A. 应在开庭审理时先行调解

B. 应开庭审理，但经过赵洪和陈海的书面同意后，可书面审理

C. 应当庭宣判

D. 应一审终审

① ABC　② BC　③ ABD　④ B

刷题表	时 间	题号	一刷	二刷	题号	一刷	二刷	题号	一刷	二刷	题号	一刷	二刷

专题十五　第二审程序

考点41　上诉的提起与受理

206．2017/3/44/单

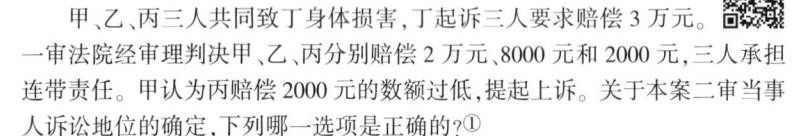

甲、乙、丙三人共同致丁身体损害,丁起诉三人要求赔偿3万元。一审法院经审理判决甲、乙、丙分别赔偿2万元、8000元和2000元,三人承担连带责任。甲认为丙赔偿2000元的数额过低,提起上诉。关于本案二审当事人诉讼地位的确定,下列哪一选项是正确的?①

　　A. 甲为上诉人,丙为被上诉人,乙为原审被告,丁为原审原告
　　B. 甲为上诉人,丙、丁为被上诉人,乙为原审被告
　　C. 甲、乙为上诉人,丙为被上诉人,丁为原审原告
　　D. 甲、乙、丙为上诉人,丁为被上诉人

207．2016/3/44/单

甲、乙、丙、丁遗产继承纠纷一案,甲不服法院作出的一审判决,认为分配给丙和丁的遗产份额过多,提起上诉。关于本案二审当事人诉讼地位的确定,下列哪一选项是正确的?②

　　A. 甲是上诉人,乙、丙、丁是被上诉人
　　B. 甲、乙是上诉人,丙、丁是被上诉人
　　C. 甲、丙是上诉人,丁为被上诉人
　　D. 甲是上诉人,乙为原审原告,丙、丁为被上诉人

208．2016/3/45/单

甲公司诉乙公司买卖合同纠纷一案,法院判决乙公司败诉并承担违约责任,乙公司不服提起上诉。在二审中,甲公司与乙公司达成和解协议,并约定双方均将提起之诉予以撤回。关于两个公司的撤诉申请,下列哪一说法是正确的?③

　　A. 应当裁定准许双方当事人的撤诉申请,并裁定撤销一审判决
　　B. 应当裁定准许乙公司撤回上诉,不准许甲公司撤回起诉
　　C. 不应准许双方撤诉,应依双方和解协议制作调解书
　　D. 不应准许双方撤诉,应依双方和解协议制作判决书

---

① A　② D　③ A

209. 2013/3/48/单

甲对乙享有 10 万元到期债权,乙无力清偿,且怠于行使对丙的 15 万元债权,甲遂对丙提起代位权诉讼,法院依法追加乙为第三人。一审判决甲胜诉,丙应向甲给付 10 万元。乙、丙均提起上诉,乙请求法院判令丙向其支付剩余 5 万元债务,丙请求法院判令甲对乙的债权不成立。关于二审当事人地位的表述,下列哪一选项是正确的?①

A. 丙是上诉人,甲是被上诉人
B. 乙、丙是上诉人,甲是被上诉人
C. 乙是上诉人,甲、丙是被上诉人
D. 丙是上诉人,甲、乙是被上诉人

210. 2013/3/78/多

下列哪些情况下,法院不应受理当事人的上诉请求?②

A. 宋某和卢某借款纠纷一案,卢某终审败诉,宋某向区法院申请执行,卢某提出执行管辖异议,区法院裁定驳回卢某异议。卢某提起上诉
B. 曹某向市中院诉刘某侵犯其专利权,要求赔偿损失 1 元钱,中院驳回其请求。曹某提起上诉
C. 孙某将朱某打伤,经当地人民调解委员会调解达成协议,并申请法院进行了司法确认。后朱某反悔提起上诉
D. 尹某诉与林某离婚,法院审查中发现二人系禁婚的近亲属,遂判决二人婚姻无效。尹某提起上诉

211. 2011/3/40/单

吴某被王某打伤后诉至法院,王某败诉。一审判决书送达王某时,其当即向送达人郑某表示上诉,但因其不识字,未提交上诉状。关于王某行为的法律效力,下列哪一选项是正确的?③

A. 王某已经表明上诉,产生上诉效力
B. 郑某将王某的上诉要求告知法院后,产生上诉效力
C. 王某未提交上诉状,不产生上诉效力
D. 王某口头上诉经二审法院同意后,产生上诉效力

212. 2010/3/98/任

丙承租了甲、乙共有的房屋,因未付租金被甲、乙起诉。一审法院

---

① A ② ACD ③ C

| 刷题表 | 时 间 | 题号 | 一刷 | 二刷 | 题号 | 一刷 | 二刷 | 题号 | 一刷 | 二刷 | 题号 | 一刷 | 二刷 |

判决丙支付甲、乙租金及利息共计10000元,分五个月履行,每月给付2000元。甲、乙和丙均不服该判决,提出上诉:乙请求改判丙一次性支付所欠的租金10000元。甲请求法院判决解除与丙之间租赁关系。丙认为租赁合同中没有约定利息,甲、乙也没有要求给付利息,一审法院不应当判决自己给付利息,请求判决变更一审判决的相关内容。丙还提出,为修缮甲、乙的出租房自己花费了3000元,请求抵销部分租金。

关于二审中当事人地位的确定,下列选项正确的是:①

A. 丙是上诉人,甲、乙是被上诉人
B. 甲、乙是上诉人,丙是被上诉人
C. 乙、丙是上诉人,甲是被上诉人
D. 甲、乙、丙都是上诉人

考点42 二审程序

213. 2020 回忆/多

甲与乙的离婚诉讼,一审法院判决不准离婚。甲不服提出上诉,二审法院认为应当判决离婚,于是对财产分割问题进行调解,但双方无法达成合意,二审法院遂将案件发回重审。发回重审后,一审法院再次判决不准离婚,甲再次提出上诉。此时二审法院应当如何处理本案?②

A. 二审法院可以先针对婚姻关系部分作出判决
B. 二审法院应当再次撤销原判,将案件发回重审
C. 二审法院应当直接改判
D. 二审法院可以告知当事人对财产部分另行起诉

214. 2017/3/46/单

石山公司起诉建安公司请求返还86万元借款及支付5万元利息,一审判决石山公司胜诉,建安公司不服提起上诉。二审中,双方达成和解协议:石山公司放弃5万元利息主张,建安公司在撤回上诉后15日内一次性付清86万元本金。建安公司向二审法院申请撤回上诉后,并未履行还款义务。关于石山公司的做法,下列哪一表述是正确的?③

A. 可依和解协议申请强制执行
B. 可依一审判决申请强制执行
C. 可依和解协议另行起诉

① D ② AD ③ B

D. 可依和解协议申请司法确认

215. 2016/3/47/单

王某诉赵某借款纠纷一案,法院一审判决赵某偿还王某债务,赵某不服,提出上诉。二审期间,案外人李某表示,愿以自己的轿车为赵某偿还债务提供担保。三人就此达成书面和解协议后,赵某撤回上诉,法院准许。一个月后,赵某反悔并不履行和解协议。关于王某实现债权,下列哪一选项是正确的?①

A. 依和解协议对赵某向法院申请强制执行

B. 依和解协议对赵某、李某向法院申请强制执行

C. 依一审判决对赵某、李某向法院申请强制执行

D. 依一审判决与和解协议对赵某、李某向法院申请强制执行

216. 2015/3/44/单

齐远、张红是夫妻,因感情破裂诉至法院离婚,提出解除婚姻关系、子女抚养、住房分割等诉讼请求。一审判决准予离婚并对子女抚养问题作出判决。齐远不同意离婚提出上诉。二审中,张红增加诉讼请求,要求分割诉讼期间齐远继承其父的遗产。下列哪一说法是正确的?②

A. 一审漏判的住房分割诉讼请求,二审可调解,调解不成,发回重审

B. 二审增加的遗产分割诉讼请求,二审可调解,调解不成,发回重审

C. 住房和遗产分割的两个诉讼请求,二审可合并调解,也可一并发回重审

D. 住房和遗产分割的两个诉讼请求,经当事人同意,二审法院可一并裁判

217. 2012/3/42/单

经审理,一审法院判决被告王某支付原告刘某欠款本息共计22万元,王某不服提起上诉。二审中,双方当事人达成和解协议,约定:王某在3个月内向刘某分期偿付20万元,刘某放弃利息请求。案件经王某申请撤回上诉而终结。约定的期限届满后,王某只支付了15万元。刘某欲寻求法律救济。下列哪一说法是正确的?③

A. 只能向一审法院重新起诉

B. 只能向一审法院申请执行一审判决

---
① C ② A ③ B

C. 可向一审法院申请执行和解协议
D. 可向二审法院提出上诉

218. 2012/3/43/单

关于民事诉讼二审程序的表述,下列哪一选项是错误的?①

A. 二审案件的审理,遇有二审程序没有规定的情形,应当适用一审普通程序的相关规定
B. 二审案件的审理,以开庭审理为原则
C. 二审案件调解的结果变更了一审判决内容的,应当在调解书中写明"撤销原判"
D. 二审案件的审理,应当由法官组成的合议庭进行审理

219. 2010/3/80/多

二审法院审理继承纠纷上诉案时,发现一审判决遗漏另一继承人甲。关于本案,下列哪些说法是正确的?②

A. 为避免诉讼拖延,二审法院可依职权直接改判
B. 二审法院可根据自愿原则进行调解,调解不成的裁定撤销原判决发回重审
C. 甲应列为本案的有独立请求权第三人
D. 甲应是本案的共同原告

220. 2010/3/99/任

丙承租了甲、乙共有的房屋,因未付租金被甲、乙起诉。一审法院判决丙支付甲、乙租金及利息共计10000元,分五个月履行,每月给付2000元。甲、乙和丙均不服该判决,提出上诉:乙请求改判丙一次性支付所欠的租金10000元。甲请求法院判决解除与丙之间租赁关系。丙认为租赁合同中没有约定利息,甲、乙也没有要求给付利息,一审法院不应当判决自己给付利息,请求判决变更一审判决的相关内容。丙还提出,为修缮甲、乙的出租房自己花费了3000元,请求抵销部分租金。

关于甲上诉请求解除与丙的租赁关系,下列选项正确的是:③

A. 二审法院查明事实后直接判决
B. 二审法院直接裁定发回重审
C. 二审法院经当事人同意进行调解解决

① C ② BD ③ CD

D. 甲在上诉中要求解除租赁关系的请求,须经乙同意

221. 2009/3/45/单

某借款纠纷案二审中,双方达成调解协议,被上诉人当场将欠款付清。关于被上诉人请求二审法院制作调解书,下列哪一选项是正确的?①

A. 可以不制作调解书,因为当事人之间的权利义务已经实现
B. 可以不制作调解书,因为本案属于法律规定可以不制作调解书的情形
C. 应当制作调解书,因为二审法院的调解结果除解决纠纷外,还具有对一审法院的判决效力发生影响的功能
D. 应当制作调解书,因为被上诉人已经提出请求,法院应当予以尊重

222. 2008/3/99/任

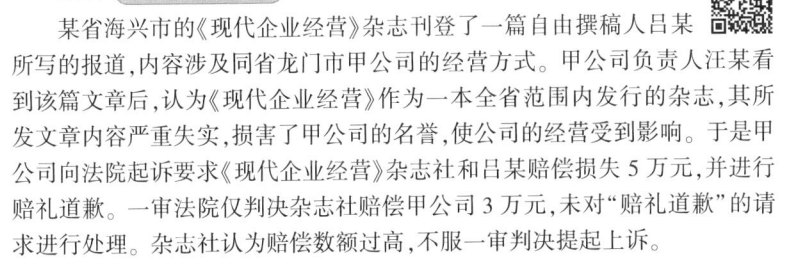

某省海兴市的《现代企业经营》杂志刊登了一篇自由撰稿人吕某所写的报道,内容涉及同省龙门市甲公司的经营方式。甲公司负责人汪某看到该篇文章后,认为《现代企业经营》作为一本全省范围内发行的杂志,其所发文章内容严重失实,损害了甲公司的名誉,使公司的经营受到影响。于是甲公司向法院起诉要求《现代企业经营》杂志社和吕某赔偿损失 5 万元,并进行赔礼道歉。一审法院仅判决杂志社赔偿甲公司 3 万元,未对"赔礼道歉"的请求进行处理。杂志社认为赔偿数额过高,不服一审判决提起上诉。

关于二审法院对本案的处理,下列选项正确的是:②

A. 由于"赔礼道歉"的诉讼请求并不在上诉请求的范围之中,二审法院不得对其进行审理
B. 针对一审中"赔礼道歉"的诉讼请求,二审法院应根据当事人自愿的原则进行调解,调解不成的,发回重审
C. 针对一审中"赔礼道歉"的诉讼请求,二审法院应根据当事人自愿的原则进行调解,调解不成的,径行判决
D. 针对一审中"赔礼道歉"的诉讼请求,二审法院应根据当事人自愿的原则进行调解,调解不成的,告知甲公司另行起诉

考点43 二审的判决与裁定

223. 2022回忆/单

甲在网上购买乙公司生产的家具,乙公司将家具送到甲父母家安

① C ② B

装调试好之后要求付款遭拒,遂起诉甲要求支付家具款。甲独自出庭应诉,一审法院判决原告胜诉。甲不服提起上诉,二审法院发现甲是15岁的学生。关于二审法院对本案的处理,下列哪一说法是正确的?①

A. 裁定驳回起诉
B. 裁定撤销原判,发回重审
C. 通知甲的法定代理人出庭,继续审理
D. 继续审理后作出判决

224． 2020 回忆/单

甲、乙互殴,甲被乙打伤,向法院起诉乙向其支付赔偿金,法院判决甲胜诉。乙不服提起上诉,二审期间,甲、乙达成和解协议,向法院申请撤回起诉,法院经审查发现和解协议内容与原判决认定的事实不一致。法院应当如何处理?②

A. 准许撤回起诉,一审判决生效
B. 不准许撤回起诉,根据审理结果作出判决
C. 不准许撤回起诉,应当撤销原判,发回重审
D. 准予撤回起诉,一并裁定撤销原判

225． 2017/3/45/单

张某诉新立公司买卖合同纠纷案,新立公司不服一审判决提起上诉。二审中,新立公司与张某达成协议,双方同意撤回起诉和上诉。关于本案,下列哪一选项是正确的?③

A. 起诉应在一审中撤回,二审中撤诉的,法院不应准许
B. 因双方达成合意撤回起诉和上诉的,法院可准许张某二审中撤回起诉
C. 二审法院应裁定撤销一审判决并发回重审,一审法院重审时准许张某撤回起诉
D. 二审法院可裁定新立公司撤回上诉,而不许张某撤回起诉

226． 2017/3/82/多

朱某诉力胜公司商品房买卖合同纠纷案,朱某要求判令被告支付违约金5万元;因房屋质量问题,请求被告修缮,费用由被告支付。一审法院判决被告败诉,认可了原告全部诉讼请求。力胜公司不服令其支付5万元违约金的判决,提起上诉。二审法院发现一审法院关于房屋有质量问

① B ② D ③ B

题的事实认定,证据不充分。关于二审法院对本案的处理,下列哪些说法是正确的?①

A. 应针对上诉人不服违约金判决的请求进行审理
B. 可对房屋修缮问题在查明事实的情况下依法改判
C. 应针对上诉人上诉请求所涉及的事实认定和法律适用进行审理
D. 应全面审查一审法院对案件的事实认定和法律适用

227. 2016/3/46/单

某死亡赔偿案件,二审法院在将判决书送达当事人签收后,发现其中死亡赔偿金计算错误(数学上的错误),导致总金额少了7万余元。关于二审法院如何纠正,下列哪一选项是正确的?②

A. 应当通过审判监督程序,重新制作判决书
B. 直接作出改正原判决的新判决书并送达双方当事人
C. 作出裁定书予以补正
D. 报请上级法院批准后作出裁定予以补正

228. 2015/3/82/多

章俊诉李泳借款纠纷案在某县法院适用简易程序审理。县法院判决后,章俊上诉,二审法院以事实不清为由发回重审。县法院征得当事人同意后,适用简易程序重审此案。在答辩期间,李泳提出管辖权异议,县法院不予审查。案件开庭前,章俊增加了诉讼请求,李泳提出反诉,县法院受理了章俊提出的增加诉讼请求,但以重审不可提出反诉为由拒绝受理李泳的反诉。关于本案,该县法院的下列哪些做法是正确的?③

A. 征得当事人同意后,适用简易程序重审此案
B. 对李泳提出的管辖权异议不予审查
C. 受理章俊提出的增加诉讼请求
D. 拒绝受理李泳的反诉

229. 2014/3/47/单

甲诉乙人身损害赔偿一案,一审法院根据甲的申请,冻结了乙的银行账户,并由李法官独任审理。后甲胜诉,乙提出上诉。二审法院认为一审事实不清,裁定撤销原判,发回重审。关于重审,下列哪一表述是正确的?④

A. 由于原判已被撤销,一审中的审判行为无效,保全措施也应解除

---

① AC ② C ③ BC ④ D

B. 由于原判已被撤销,一审中的诉讼行为无效,法院必须重新指定举证时限
C. 重审时不能再适用简易程序,应组成合议庭,李法官可作为合议庭成员参加重审
D. 若重审法院判决甲胜诉,乙再次上诉,二审法院认为重审认定的事实依然错误,则只能在查清事实后改判

230. 2008/3/36/单

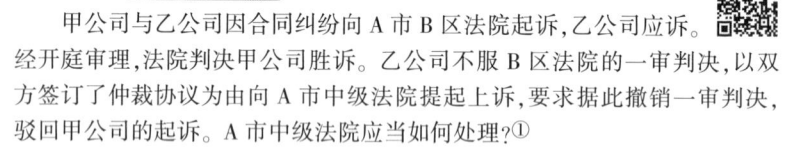

甲公司与乙公司因合同纠纷向 A 市 B 区法院起诉,乙公司应诉。经开庭审理,法院判决甲公司胜诉。乙公司不服 B 区法院的一审判决,以双方签订了仲裁协议为由向 A 市中级法院提起上诉,要求据此撤销一审判决,驳回甲公司的起诉。A 市中级法院应当如何处理?①

A. 裁定撤销一审判决,驳回甲公司的起诉
B. 应当首先审查仲裁协议是否有效,如果有效,则裁定撤销一审判决,驳回甲公司的起诉
C. 应当裁定撤销一审判决,发回原审法院重审
D. 应当裁定驳回乙公司的上诉,维持原判决

专题十六 审判监督程序

考点44 再审的启动(法院、检察院启动再审与当事人申请再审)

231. 2021 回忆/单

甲向乙借款 50 万元,由丙提供保证,保证合同中未约定保证方式。后因借款清偿发生纠纷,一审法院判决认定丙承担连带保证责任。丙不服提起上诉,二审法院判决丙承担一般保证责任。判决生效后,丙以签订保证合同时意思表示错误不应承担保证责任为由申请再审。关于对丙申请的处理,下列哪一做法是正确的?②

A. 裁定再审后组织调解,调解不成,告知另行起诉
B. 裁定再审后组织调解,调解不成,裁定发回重审
C. 裁定不予受理再审申请
D. 裁定驳回再审申请

---

① D ② D

232. `2015/3/42/单`

关于法院制作的调解书,下列哪一说法是正确的?①

A. 经法院调解,老李和小李维持收养关系,可不制作调解书
B. 某夫妻解除婚姻关系的调解书生效后,一方以违反自愿为由可申请再审
C. 检察院对调解书的监督方式只能是提出检察建议
D. 执行过程中,达成和解协议的,法院可根据当事人的要求制作成调解书

233. `2014/3/80/多`

就瑞成公司与建华公司的合同纠纷,某省甲市中院作出了终审裁判。建华公司不服,打算启动再审程序。后其向甲市检察院申请检察建议,甲市检察院经过审查,作出驳回申请的决定。关于检察监督,下列哪些表述是正确的?②

A. 建华公司可在向该省高院申请再审的同时,申请检察建议
B. 在甲市检察院驳回检察建议申请后,建华公司可向该省检察院申请抗诉
C. 甲市检察院在审查检察建议申请过程中,可向建华公司调查核实案情
D. 甲市检察院在审查检察建议申请过程中,可向瑞成公司调查核实案情

234. `2013/3/49/单`

关于检察监督,下列哪一选项是正确的?③

A. 甲县检察院认为乙县法院的生效判决适用法律错误,对其提出检察建议
B. 丙市检察院就合同纠纷向仲裁委员会提出检察建议,要求重新仲裁
C. 丁县检察院认为丁县法院某法官在制作除权判决时收受贿赂,向该法院提出检察建议
D. 戊县检察院认为戊县法院认定某公民为无民事行为能力人的判决存在程序错误,报请上级检察院提起抗诉

235. `2013/3/81/多`

周某因合同纠纷起诉,甲省乙市的两级法院均驳回其诉讼请求。

---

① A ② CD ③ C

| 刷题表 | 时间 | 题号 | 一刷 | 二刷 | 题号 | 一刷 | 二刷 | 题号 | 一刷 | 二刷 | 题号 | 一刷 | 二刷 |

周某申请再审,但被驳回。周某又向检察院申请抗诉,检察院以原审主要证据系伪造为由提出抗诉,法院裁定再审。关于启动再审的表述,下列哪些说法是不正确的?①

A. 周某只应向甲省高院申请再审
B. 检察院抗诉后,应当由接受抗诉的法院审查后,作出是否再审的裁定
C. 法院应当在裁定再审的同时,裁定撤销原判
D. 法院应当在裁定再审的同时,裁定中止执行

236. 2011/3/77/多

根据《民事诉讼法》以及相关司法解释,关于离婚诉讼,下列哪些选项是正确的?②

A. 被告下落不明的,案件由原告住所地法院管辖
B. 一方当事人死亡的,诉讼终结
C. 判决生效后,不允许当事人申请再审
D. 原则上不公开审理,因其属于法定不公开审理案件范围

237. 2010/3/42/单

李某向 A 公司追索劳动报酬。诉讼中,李某向法院申请先予执行部分劳动报酬,法院经查驳回李某申请。李某不服,申请复议。法院审查后再次驳回李某申请。李某对复议结果仍不服,遂向上一级法院申请再审。关于上一级法院对该再审申请的处理,下列哪一选项是正确的?③

A. 裁定再审
B. 决定再审
C. 裁定不予受理
D. 裁定驳回申请

238. 2010/3/47/单

张某诉季某人身损害赔偿一案判决生效后,张某以法院剥夺其辩论权为由申请再审,在法院审查张某再审申请期间,检察院对该案提出抗诉。关于法院的处理方式,下列哪一选项是正确的?④

A. 法院继续对当事人的再审申请进行审查,并裁定是否再审
B. 法院应当审查检察院的抗诉是否成立,并裁定是否再审
C. 法院应当审查检察院的抗诉是否成立,如不成立,再继续审查当事人

① ABC ② AB ③ D ④ D

的再审申请

D. 法院直接裁定再审

239． 2009/3/87/任

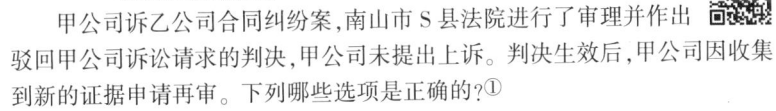

甲公司诉乙公司合同纠纷案,南山市 S 县法院进行了审理并作出驳回甲公司诉讼请求的判决,甲公司未提出上诉。判决生效后,甲公司因收集到新的证据申请再审。下列哪些选项是正确的?①

A. 甲公司应当向 S 县法院申请再审

B. 甲公司应当向南山市中级法院申请再审

C. 法院应当适用一审程序再审本案

D. 法院应当适用二审程序再审本案

240． 2008/3/35/单

赵某与黄某因某项财产所有权发生争议,赵某向法院提起诉讼,经一、二审法院审理后,判决该项财产属赵某所有。此后,陈某得知此事,向二审法院反映其是该财产的共同所有人,并提供了相关证据。二审法院经审查,决定对此案进行再审。关于此案的说法,下列哪一选项是正确的?②

A. 陈某不是本案一、二审当事人,不能参加再审程序

B. 二审法院可以直接通知陈某参加再审程序,并根据自愿原则进行调解,调解不成的,告知陈某另行起诉

C. 二审法院可以直接通知陈某参加再审程序,并根据自愿原则进行调解,调解不成的,裁定撤销一、二审判决,发回原审法院重审

D. 二审法院只能裁定撤销一、二审判决,发回原审法院重审

考点45 再审审理程序

241． 2020 回忆/多

甲公司依据供货合同要求乙公司履行货款,向法院提起诉讼,一审和二审乙公司均败诉。后乙公司向法院申请再审,上级法院认为事实不清,指定下级法院再审。再审期间甲公司要求增加违约金,乙公司以货物质量不合格为由提起反诉,主张解除合同。法院应当如何处理?③

A. 对于增加违约金的请求,法院应调解处理

B. 对于解除合同的请求,法院应调解处理

---

① BD ② C ③ CD

C. 对于增加违约金的请求,法院应告知另行起诉
D. 对于解除合同的请求,法院应告知另行起诉

242. 2019 回忆/单

甲起诉乙,要求乙返还借款 10 万元。一审法院判决乙败诉,当事人均未上诉。判决生效后,乙向法院申请再审。在再审过程中,法院发现甲和乙已经达成了和解协议,并且乙已经向甲支付完毕。法院应如何处理?①

A. 继续再审
B. 驳回再审请求
C. 判决执行一审判决
D. 裁定终结再审程序

243. 2018 回忆/单

甲、乙两公司发生合同纠纷,某区人民法院判决甲公司胜诉,双方均未上诉。判决生效后,乙公司拒不履行生效判决,甲公司向区人民法院申请执行。在执行中,甲、乙公司达成和解协议,并且当即履行完毕,区人民法院裁定执行终结。后乙公司发现新证据,据此向市中级人民法院申请再审,法院应当如何处理?②

A. 执行回转
B. 裁定驳回再审申请
C. 可对执行和解协议合法性审查
D. 可裁定终结对再审申请的审查

244. 2015/3/46/单

周立诉孙华人身损害赔偿案,一审法院适用简易程序审理,电话通知双方当事人开庭,孙华无故未到庭,法院缺席判决孙华承担赔偿周立医疗费。判决书生效后,周立申请强制执行,执行程序开始,孙华向一审法院提出再审申请。法院裁定再审,未裁定中止原判决的执行。关于本案,下列哪一说法是正确的?③

A. 法院电话通知当事人开庭是错误的
B. 孙华以法院未传票通知其开庭即缺席判决为由,提出再审申请是符合法律规定的
C. 孙华应向二审法院提出再审申请,而不可向原一审法院申请再审
D. 法院裁定再审,未裁定中止原判决的执行是错误的

① D ② D ③ B

| 刷题表 | 时间 | 题号 | 一刷 | 二刷 | 题号 | 一刷 | 二刷 | 题号 | 一刷 | 二刷 | 题号 | 一刷 | 二刷 |

245. 2014/3/50/单

万某起诉吴某人身损害赔偿一案,经过两级法院审理,均判决支持万某的诉讼请求,吴某不服,申请再审。再审中万某未出席开庭审理,也未向法院说明理由。对此,法院的下列哪一做法是正确的?①

A. 裁定撤诉,视为撤回起诉

B. 裁定撤诉,视为撤回再审申请

C. 裁定诉讼中止

D. 缺席判决

246. 2013/3/82/多

韩某起诉翔鹭公司要求其依约交付电脑,并支付迟延履行违约金5万元。经县市两级法院审理,韩某均胜诉。后翔鹭公司以原审适用法律错误为由申请再审,省高院裁定再审后,韩某变更诉讼请求为解除合同,支付迟延履行违约金10万元。再审法院最终维持原判。关于再审程序的表述,下列哪些选项是正确的?②

A. 省高院可以亲自提审,提审应当适用二审程序

B. 省高院可以指令原审法院再审,原审法院再审时应当适用一审程序

C. 再审法院对韩某变更后的请求应当不予审查

D. 对于维持原判的再审裁判,韩某认为有错误的,可以向检察院申请抗诉

247. 2010/3/82/多

关于再审程序的说法,下列哪些选项是正确的?③

A. 在再审中,当事人提出新的诉讼请求的,原则上法院应根据自愿原则进行调解,调解不成的告知另行起诉

B. 在再审中,当事人增加诉讼请求的,原则上法院应根据自愿原则进行调解,调解不成的裁定发回重审

C. 按照第一审程序再审案件时,经法院许可原审原告可撤回起诉

D. 在一定条件下,案外人可申请再审

248. 2009/3/88/任

林某诉张某房屋纠纷案,经某中级法院一审判决后,林某没有上

① D ② ACD ③ CD

诉,而是于收到判决书20日后,向省高级法院申请再审。其间,张某向中级法院申请执行判决。省高级法院经再查,认为一审判决确有错误,遂指令作出判决的中级法院再审。下列哪些说法是正确的?①

A. 高级法院指令再审的同时,应作出撤销原判决的裁定
B. 中级法院再审时应作出撤销原判决的裁定
C. 中级法院应裁定中止原裁判的执行
D. 中级法院应适用一审程序再审该案

专题十七 公益诉讼与第三人撤销之诉

考点46 公益诉讼

249. (2021 回忆/单)

某化工厂排污造成河流严重污染,某环保协会对此提起公益诉讼,要求化工厂赔偿河流污染治理费用300万元。法院经过审理后认为300万元不足以修复环境污染造成的损害,遂建议某环保协会将诉讼请求增加为500万元。某环保协会将诉讼请求变更为500万元,法院判决支持了某环保协会的全部诉讼请求,关于本案表述正确的是:②

A. 公益诉讼案件一审终审,当事人无权上诉
B. 某环保协会应当先行通知行政机关处理后再提起公益诉讼
C. 法院建议某环保协会将诉讼请求变更为500万,违反了处分原则
D. 本案应当由中院一审管辖

250. (2019 回忆/单)

某造纸厂因环保设备不达标,排放的污水对环境造成破坏,极大地影响了周边居民的生活。某市环保协会对该厂提起诉讼。张某因该厂的污染行为受到损害,也想参与本案的诉讼。关于法院的做法,下列哪一选项是正确的?③

A. 将张某列为有独立请求权的第三人
B. 将张某列为无独立请求权的第三人
C. 通知张某另行起诉
D. 将张某列为共同原告

① CD ② D ③ C

刷题表	时 间	题号	一刷	二刷	题号	一刷	二刷	题号	一刷	二刷	题号	一刷	二刷

251．大洲公司超标排污导致河流污染,公益环保组织甲向A市中级法院提起公益诉讼,请求判令大洲公司停止侵害并赔偿损失。法院受理后,在公告期间,公益环保组织乙也向A市中级法院提起公益诉讼,请求判令大洲公司停止侵害、赔偿损失和赔礼道歉。公益案件审理终结后,渔民梁某以大洲公司排放的污水污染了其承包的鱼塘为由提起诉讼,请求判令赔偿其损失。

请回答第(1)~(3)题。

(1) 2017/3/98/任

对乙组织的起诉,法院的正确处理方式是:①

A. 予以受理,与甲组织提起的公益诉讼合并审理

B. 予以受理,作为另案单独审理

C. 属重复诉讼,不予受理

D. 允许其参加诉讼,与甲组织列为共同原告

(2) 2017/3/99/任

公益环保组织因与大洲公司在诉讼中达成和解协议申请撤诉,法院的正确处理方式是:②

A. 应将和解协议记入笔录,准许公益环保组织的撤诉申请

B. 不准许公益环保组织的撤诉申请

C. 应将双方的和解协议内容予以公告

D. 应依职权根据和解协议内容制作调解书

(3) 2017/3/100/任

对梁某的起诉,法院的正确处理方式是:③

A. 属重复诉讼,裁定不予受理

B. 不予受理,告知其向公益环保组织请求给付

C. 应予受理,但公益诉讼中已提出的诉讼请求不得再次提出

D. 应予受理,其诉讼请求不受公益诉讼影响

252． 2015/3/35/单

某品牌手机生产商在手机出厂前预装众多程序,大幅侵占标明内存,某省消费者保护协会以侵害消费者知情权为由提起公益诉讼,法院受理了该案。下列哪一说法是正确的?④

A. 本案应当由侵权行为地或者被告住所地中级法院管辖

---

① D ② BCD ③ D ④ A

B. 本案原告没有撤诉权
C. 本案当事人不可以和解,法院也不可以调解
D. 因该案已受理,购买该品牌手机的消费者甲若以前述理由诉请赔偿,法院不予受理

253． 2013/3/35/单

根据2012年修改的《民事诉讼法》,关于公益诉讼的表述,下列哪一选项是错误的?①

A. 公益诉讼规则的设立,体现了依法治国的法治理念
B. 公益诉讼的起诉主体只限于法律授权的机关或团体
C. 公益诉讼规则的设立,有利于保障我国经济社会全面协调发展
D. 公益诉讼的提起必须以存在实际损害为前提

考点47 第三人撤销之诉

254． 2023 回忆/单

某化工厂违规排污导致河流污染,周边居民10余人起诉,法院受理后发出公告,又有30多人向法院登记。法院审理后判决化工厂向每个当事人赔偿5万元。判决生效后,下游的周某向法院起诉化工厂,认为自己的损失有10万元,但法院裁定适用先前对其他当事人赔偿5万元的判决。周某认为先前的判决有错误,提起第三人撤销之诉。关于法院的处理方式,下列哪一做法是正确的?②

A. 裁定撤销赔偿5万元的判决
B. 判决撤销赔偿5万元的判决
C. 裁定不予受理
D. 判决驳回诉讼请求

255． 2022 回忆/单

庄某到甲超市购买了乙公司生产的面包,发现面包有异味,遂起诉甲超市退款并赔偿,法院判决庄某胜诉。该判决生效后,乙公司认为面包不存在质量问题,向法院对该判决提起第三人撤销之诉,甲超市认可乙公司的主张。关于本案,下列哪一说法是正确的?③

A. 甲超市应作为第三人撤销之诉的共同原告

① D ② C ③ B

B. 甲超市应作为第三人撤销之诉的被告
C. 甲超市应作为第三人撤销之诉的第三人
D. 法院应裁定驳回乙公司的起诉

256. 2021 回忆/任

庞某是甲公司的股东,持股比例为51%。乙公司起诉甲公司主张对某块土地的使用权,法院判决乙公司胜诉。判决生效后,乙公司申请强制执行。庞某提出第三人撤销之诉,主张拥有该块土地使用权。经查,甲公司在判决生效前已经以市场价格将该土地使用权转让给庞某,庞某已经支付价款,并完成了土地使用权转让登记。下列关于本案的表述正确的是:①

A. 本案判决未侵犯庞某合法权益,庞某不能提出第三人撤销之诉
B. 如果庞某因自身原因没有参加原审,则不能提起第三人撤销之诉
C. 乙公司可以另行起诉请求撤销甲公司与庞某之间的土地使用权转让合同
D. 乙公司可以申请法院执行该判决

257. 2017/3/38/单

丙公司因法院对甲公司诉乙公司工程施工合同案的一审判决(未提起上诉)损害其合法权益,向A市B县法院提起撤销诉讼。案件审理中,检察院提起抗诉,A市中级法院对该案进行再审,B县法院裁定将撤销诉讼并入再审程序。关于中级法院对丙公司提出的撤销诉讼请求的处理,下列哪一表述是正确的?②

A. 将丙公司提出的诉讼请求一并审理,作出判决
B. 根据自愿原则进行调解,调解不成的,告知丙公司另行起诉
C. 根据自愿原则进行调解,调解不成的,裁定撤销原判发回重审
D. 根据自愿原则进行调解,调解不成的,恢复第三人撤销诉讼程序

258. 2014/3/41/单

关于第三人撤销之诉,下列哪一说法是正确的?③

A. 法院受理第三人撤销之诉后,应中止原裁判的执行
B. 第三人撤销之诉是确认原审裁判错误的确认之诉
C. 第三人撤销之诉由原审法院的上一级法院管辖,但当事人一方人数众多或者双方当事人为公民的案件,应由原审法院管辖

---

① BD ② C ③ D

D. 第三人撤销之诉的客体包括生效的民事判决、裁定和调解书

专题十八　特别程序

考点48　特别程序

259. 2023 回忆/任

郭某下落不明满2年,其妻秦某申请宣告失踪,法院指定秦某作为财产代管人。后秦某因财产处与郭某之母白某发生纠纷,白某想自己担任财产代管人,而秦某想指定其已成年的儿子小张担任财产代管人。关于本案的处理,下列说法正确的是:①

A. 秦某向法院请求变更财产代管人,适用特别程序审理
B. 白某请求变更财产代管人应以秦某为被告起诉,适用特别程序审理
C. 白某请求变更财产代管人应以秦某为被告起诉,适用普通程序审理
D. 白某请求变更财产代管人可以小张为被告起诉,适用普通程序审理

260. 2017/3/47/单

李某因债务人刘某下落不明申请宣告刘某失踪。法院经审理宣告刘某为失踪人,并指定刘妻为其财产代管人。判决生效后,刘父认为由刘妻代管财产会损害儿子的利益,要求变更刘某的财产代管人。关于本案程序,下列哪一说法是正确的?②

A. 李某无权申请刘某失踪
B. 刘父应提起诉讼变更财产代管人,法院适用普通程序审理
C. 刘父应向法院申请变更刘妻的财产代管权,法院适用特别程序审理
D. 刘父应向法院申请再审变更财产代管权,法院适用再审程序审理

261. 2015年4月,居住在B市(直辖市)东城区的林剑与居住在B市西城区的钟阳(二人系位于B市北城区正和钢铁厂的同事)签订了一份借款合同,约定钟阳向林剑借款20万元,月息1%,2017年1月20日前连本带息一并返还。合同还约定,如因合同履行发生争议,可向B市东城区仲裁委员会仲裁。至2017年2月,钟阳未能按时履约。2017年3月,二人到正和钢铁厂人民调解委员会(下称调解委员会)请求调解。调解委员会委派了三位调解员主持该纠纷的调解。

请回答第(1)、(2)题。

---

① AC　② B

（1）2017/3/96/任

如调解成功，林剑与钟阳在调解委员会的主持下达成如下协议：2017年5月15日之前，钟阳向林剑返还借款20万元，支付借款利息2万元。该协议有林剑、钟阳的签字，盖有调解委员会的印章和三位调解员的签名。钟阳未按时履行该调解协议，林剑拟提起诉讼。在此情况下，下列说法正确的是：①

A. 应以调解委员会为被告

B. 应以钟阳为被告

C. 应以调解委员会和钟阳为共同被告

D. 应以钟阳为被告，调解委员会为无独立请求权的第三人

（2）2017/3/97/任

如调解成功，林剑与钟阳在调解委员会的主持下达成了调解协议，相关人员希望该调解协议被司法确认，下列说法正确的是：②

A. 应由林剑或钟阳向有管辖权的法院申请

B. 应由林剑、钟阳共同向有管辖权的法院申请

C. 应在调解协议生效之日起30日内提出申请，申请可以是书面方式，也可以是口头方式

D. 对申请的案件有管辖权的法院包括：B市西城区法院、B市东城区法院和B市北城区法院

262．2015/3/43/单

甲县法院受理居住在乙县的成某诉居住在甲县的罗某借款纠纷案。诉讼过程中，成某出差归途所乘航班失踪，经全力寻找仍无成某生存的任何信息，主管方宣布机上乘客不可能生还，成妻遂向乙县法院申请宣告成某死亡。对此，下列哪一说法是正确的？③

A. 乙县法院应当将宣告死亡案移送至甲县法院审理

B. 借款纠纷案与宣告死亡案应当合并审理

C. 甲县法院应当裁定中止诉讼

D. 甲县法院应当裁定终结诉讼

263．2015/3/45/单

李云将房屋出售给王亮，后因合同履行发生争议，经双方住所地

① B ② BC ③ C

人民调解委员会调解,双方达成调解协议,明确王亮付清房款后,房屋的所有权归丙王亮。为确保调解协议的效力,双方约定向法院提出司法确认申请,李云随即长期出差在外。下列哪一说法是正确的?①

A. 本案系不动产交易,应向房屋所在地法院提出司法确认申请
B. 李云长期出差在外,王亮向法院提出确认申请,法院可受理
C. 李云出差两个月后,双方向法院提出确认申请,法院可受理
D. 本案的调解协议内容涉及物权确权,法院不予受理

264． 2014/3/44/单

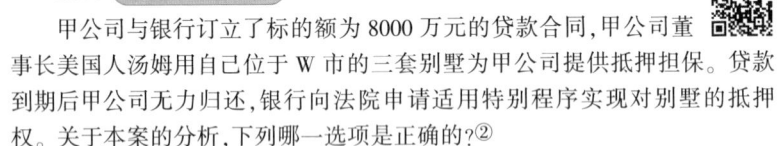

甲公司与银行订立了标的额为8000万元的贷款合同,甲公司董事长美国人汤姆用自己位于W市的三套别墅为甲公司提供抵押担保。贷款到期后甲公司无力归还,银行向法院申请适用特别程序实现对别墅的抵押权。关于本案的分析,下列哪一选项是正确的?②

A. 由于本案标的金额巨大,且具有涉外因素,银行应向W市中院提交书面申请
B. 本案的被申请人只应是债务人甲公司
C. 如果法院经过审查,作出拍卖裁定,可直接移交执行庭进行拍卖
D. 如果法院经过审查,驳回银行申请,银行可就该抵押权益向法院起诉

265． 2012/3/44/单

关于《民事诉讼法》规定的特别程序的表述,下列哪一选项是正确的?③

A. 适用特别程序审理的案件都是非讼案件
B. 起诉人或申请人与案件都有直接的利害关系
C. 适用特别程序审理的案件都是一审终审
D. 陪审员通常不参加适用特别程序案件的审理

266． 2010/3/35/单

张某与李某产生邻里纠纷,张某将李某打伤。为解决赔偿问题,双方同意由人民调解委员会进行调解。经调解员黄某调解,双方达成赔偿协议。关于该纠纷的处理,下列哪一说法是正确的?④

A. 张某如反悔不履行协议,李某可就协议向法院提起诉讼
B. 张某如反悔不履行协议,李某可向法院提起人身损害赔偿诉讼

① D ② D ③ C ④ A

C. 张某如反悔不履行协议,李某可向法院申请强制执行调解协议

D. 张某可以调解委员会未组成合议庭调解为由,向法院申请撤销调解协议

267. 2009/3/49/单

在基层人大代表换届选举中,村民刘某发现选举委员会公布的选民名单中遗漏了同村村民张某的名字,遂向选举委员会提出申诉。选举委员会认为,刘某不是本案的利害关系人无权提起申诉,故驳回了刘某的申诉,刘某不服诉至法院。下列哪一选项是错误的?①

A. 张某、刘某和选举委员会的代表都必须参加诉讼

B. 法院应该驳回刘某的起诉,因刘某与案件没有直接利害关系

C. 选民资格案件关系到公民的重要政治权利,只能由审判员组成合议庭进行审理

D. 法院对选民资格案件做出的判决是终审判决,当事人不得对此提起上诉

专题十九 督促程序

考点49 督促程序

268. 2019 回忆/多

甲公司欠乙公司货款,丙公司提供抵押担保。因到期甲公司未支付货款,乙公司向法院申请对甲公司发出支付令。支付令发出后,乙公司将丙公司起诉至法院,要求其履行担保责任。以下哪些选项是正确的?②

A. 该支付令对甲公司有拘束力,对丙公司没有拘束力

B. 该支付令对甲公司和丙公司均有拘束力

C. 乙公司对丙公司提起诉讼,不影响支付令效力

D. 乙公司对丙公司提起诉讼,支付令失效

269. 2017/3/83/多

甲公司购买乙公司的产品,丙公司以其房产为甲公司提供抵押担保。因甲公司未按约支付120万元货款,乙公司向A市B县法院申请支付令。法院经审查向甲公司发出支付令,甲公司拒绝签收。甲公司未在法定期

---

① B ② AD

间提出异议,而以乙公司提供的产品有质量问题为由向 A 市 C 区法院提起诉讼。关于本案,下列哪些表述是正确的?①
  A. 甲公司拒绝签收支付令,法院可采取留置送达
  B. 甲公司提起诉讼,法院应裁定中止督促程序
  C. 乙公司可依支付令向法院申请执行甲公司的财产
  D. 乙公司可依支付令向法院申请执行丙公司的担保财产

270. 2016/3/82/多

单某将八成新手机以 4000 元的价格卖给卢某,双方约定:手机交付卢某,卢某先付款 1000 元,待试用一周没有问题后再付 3000 元。但试用期满卢某并未按约定支付余款,多次催款无果后单某向 M 法院申请支付令。M 法院经审查后向卢某发出支付令,但卢某拒绝签收,法院采取了留置送达。20 天后,卢某向 N 法院起诉,以手机有质量问题要求解除与单某的买卖合同,并要求单某退还 1000 元付款。根据本案,下列哪些选项是正确的?②
  A. 卢某拒绝签收支付令,M 法院采取留置送达是正确的
  B. 单某可以依支付令向法院申请强制执行
  C. 因卢某向 N 法院提起了诉讼,支付令当然失效
  D. 因卢某向 N 法院提起了诉讼,M 法院应当裁定终结督促程序

271. 2015/3/47/单

甲向乙借款 20 万元,丙是甲的担保人,现已到偿还期限,经多次催讨未果,乙向法院申请支付令。法院受理并审查后,向甲送达支付令。甲在法定期间未提出异议,但以借款不成立为由向另一法院提起诉讼。关于本案,下列哪一说法是正确的?③
  A. 甲向另一法院提起诉讼,视为对支付令提出异议
  B. 甲向另一法院提起诉讼,法院应裁定终结督促程序
  C. 甲在法定期间未提出书面异议,不影响支付令效力
  D. 法院发出的支付令,对丙具有拘束力

272. 2014/3/46/单

黄某向法院申请支付令,督促陈某返还借款。送达支付令时,陈某拒绝签收,法官遂进行留置送达。12 天后,陈某以已经归还借款为由向法院提起书面异议。黄某表示希望法院彻底解决自己与陈某的借款问题。下列

① AC ② AB ③ C

哪一说法是正确的？①

A. 支付令不能留置送达，法官的送达无效
B. 提出支付令异议的期间是10天，陈某的异议不发生效力
C. 陈某的异议并未否认二人之间存在借贷法律关系，因而不影响支付令的效力
D. 法院应将本案转为诉讼程序审理

273． 2013/3/84/多

胡某向法院申请支付令，督促彗星公司缴纳房租。彗星公司收到后立即提出书面异议称，根据租赁合同，彗星公司的装修款可以抵销租金，因而自己并不拖欠租金。对于法院收到该异议后的做法，下列哪些选项是正确的？②

A. 对双方进行调解，促进纠纷的解决
B. 终结督促程序
C. 将案件转为诉讼程序审理，但彗星公司不同意的除外
D. 将案件转为诉讼程序审理，但胡某不同意的除外

274． 2011/3/85/多

甲公司因乙公司拖欠货款向A县法院申请支付令，经审查甲公司的申请符合法律规定，A县法院向乙公司发出支付令。乙公司收到支付令后在法定期间没有履行给付货款的义务，而是向A县法院提起诉讼，要求甲公司承担因其提供的产品存在质量问题的违约责任。关于本案，下列哪些选项是正确的？③

A. 支付令失效
B. 甲公司可以持支付令申请强制执行
C. A县法院应当受理乙公司的起诉
D. A县法院不应受理乙公司的起诉

275． 2008/3/49/单

甲公司向乙公司购买了5万元的苹果，甲公司以乙公司提供的苹果不符合约定为由拒绝付款。为此，乙公司向法院申请支付令，要求甲公司支付货款。在支付令异议期间，甲公司既不提出异议又不履行义务，而是向另一法院提起诉讼，要求退货。下列说法中哪一项是正确的？④

---

① D　② BD　③ AC　④ B

· 97 ·

A. 甲公司的起诉行为使支付令失去效力
B. 甲公司的起诉行为不能阻止支付令的效力
C. 甲公司的起诉行为产生债务人异议的法律后果
D. 甲公司起诉后,受理支付令申请的法院应裁定终结督促程序

专题二十 公示催告程序

考点50 公示催告程序

276. 2022 回忆/任

张某不慎遗失汇票一张,为防止利益受损,向该汇票支付地的基层法院申请公示催告。因公告期内无人申报权利,经张某申请,法院作出除权判决。关于本案除权判决的性质,下列表述正确的是:①

A. 因申请人可凭判决要求支付票据上记载的金钱数额,可作为执行根据
B. 因不具有解决实质争议的效果,属于非诉程序的判决
C. 因具有推定票据权利归申请人所有的效果,属于确权判决
D. 因具有排除他人对票据享有权利的效果,属于形成判决

277. 2017/3/48/单

海昌公司因丢失票据申请公示催告,期间届满无人申报权利,海昌公司遂申请除权判决。在除权判决作出前,家佳公司看到权利申报公告,向法院申报权利。对此,法院下列哪一做法是正确的?②

A. 因公示催告期满,裁定驳回家佳公司的权利申报
B. 裁定追加家佳公司参加案件的除权判决审理程序
C. 应裁定终结公示催告程序
D. 作出除权判决,告知家佳公司另行起诉

278. 2016/3/83/多

大界公司就其遗失的一张汇票向法院申请公示催告,法院经审查受理案件并发布公告。在公告期间,盘堂公司持被公示催告的汇票向法院申报权利。对于盘堂公司的权利申报,法院实施的下列哪些行为是正确的?③

A. 应当通知大界公司到法院查看盘堂公司提交的汇票

① B ② C ③ AC

B. 若盘堂公司出具的汇票与大界公司申请公示的汇票一致,则应当开庭审理
C. 若盘堂公司出具的汇票与大界公司申请公示的汇票不一致,则应当驳回盘堂公司的申请
D. 应当责令盘堂公司提供证明其对出示的汇票享有所有权的证据

279. 2015/3/85/多

甲公司财务室被盗,遗失金额为80万元的汇票一张。甲公司向法院申请公示催告,法院受理后即通知支付人A银行停止支付,并发出公告,催促利害关系人申报权利。在公示催告期间,甲公司按原计划与材料供应商乙企业签订购货合同,将该汇票权利转让给乙企业作为付款。公告期满,无人申报,法院即组成合议庭作出判决,宣告该汇票无效。关于本案,下列哪些说法是正确的?①

A. A银行应当停止支付,直至公示催告程序终结
B. 甲公司将该汇票权利转让给乙企业的行为有效
C. 甲公司若未提出申请,法院可以作出宣告该汇票无效的判决
D. 法院若判决宣告汇票无效,应当组成合议庭

280. 2012/3/46/单

甲公司因票据遗失向法院申请公示催告。在公示催告期间届满的第3天,乙向法院申报权利。下列哪一说法是正确的?②

A. 因公示催告期间已经届满,法院应当驳回乙的权利申报
B. 法院应当开庭,就失票的权属进行调查,组织当事人进行辩论
C. 法院应当对乙的申报进行形式审查,并通知甲到场查验票据
D. 法院应当审查乙迟延申报权利是否具有正当事由,并分别情况作出处理

281. 2009/3/89/任

甲公司因遗失汇票,向A市B区法院申请公示催告。在公示催告期间,乙公司向B区法院申报权利。关于本案,下列哪些说法是正确的?③

A. 对乙公司的申报,法院只就申报的汇票与甲公司申请公示催告的汇票是否一致进行形式审查,不进行权利归属的实质审查
B. 乙公司申报权利时,法院应当组织双方当事人进行法庭调查与辩论

---

① AD ② C ③ AD

C. 乙公司申报权利时,法院应当组成合议庭审理

D. 乙公司申报权利成立时,法院应当裁定终结公示催告程序

专题二十一 执行程序

考点51 执行程序

282. 2023 回忆/单

齐某申请法院强制执行韩某的房屋,法院将该房屋放在网上进行司法拍卖。牛某以高价拍得该房屋,后来发现韩某注册了账号参与司法拍卖哄抬价格。现牛某欲向法院申请撤销拍卖,可采用下列哪一种方式?①

A. 向房屋所在地法院起诉韩某

B. 向韩某住所地法院起诉韩某

C. 向执行法院申请执行标的异议

D. 向执行法院申请执行行为异议

283. 2022 回忆/多

张三向李四出借一个价值5万元的古董瓷盘,约定10日后归还。但几个月后李四仍未返还,张三将其诉至法院,法院判决李四向张三返还瓷盘。张三申请强制执行,经查实该瓷盘已被李四失手打碎,双方达成执行和解协议,约定李四将其所有的另一个瓷盘交付张三。法院裁定中止执行,之后李四认为自己的瓷盘更值钱,于是反悔拒绝交付。关于本案的处理,下列哪些说法是正确的?②

A. 张三可起诉要求李四履行和解协议

B. 张三可申请法院执行和解协议

C. 张三可申请法院恢复执行原判决

D. 法院可执行李四5万元的其他财产

284. 2017/3/41/单

易某依法院对王某支付其5万元损害赔偿金之判决申请执行。执行中,法院扣押了王某的某项财产。案外人谢某提出异议,称该财产是其借与王某使用的,该财产为自己所有。法院经审查,认为谢某异议理由成立,遂裁定中止对该财产的执行。关于本案的表述,下列哪一选项是正确的?③

① D ② AC ③ B

A. 易某不服该裁定提起异议之诉的,由易某承担对谢某不享有该财产所有权的证明责任

B. 易某不服该裁定提起异议之诉的,由谢某承担对其享有该财产所有权的证明责任

C. 王某不服该裁定提起异议之诉的,由王某承担对谢某不享有该财产所有权的证明责任

D. 王某不服该裁定提起异议之诉的,由王某承担对其享有该财产所有权的证明责任

285． 2017/3/49/单

钱某在甲、乙、丙三人合伙开设的饭店就餐时被砸伤,遂以营业执照上登记的字号"好安逸"饭店为被告提起诉讼,要求赔偿医疗费等费用25万元。法院经审理,判决被告赔偿钱某19万元。执行过程中,"好安逸"饭店支付了8万元后便再无财产可赔。对此,法院应采取下列哪一处理措施?①

A. 裁定终结执行

B. 裁定终结本次执行

C. 裁定中止执行,告知当事人另行起诉合伙人承担责任

D. 裁定追加甲、乙、丙为被执行人,执行其财产

286． 2017/3/77/多

汤某设宴为母祝寿,向成某借了一尊清代玉瓶装饰房间。毛某来祝寿时,看上了玉瓶,提出购买。汤某以30万元将玉瓶卖给了毛某,并要其先付钱,寿典后15日内交付玉瓶。毛某依约履行,汤某以种种理由拒绝交付。毛某诉至甲县法院,要求汤某交付玉瓶,得到判决支持。汤某未上诉,判决生效。在该判决执行时,成某知晓了上述情况。对此,成某依法可采取哪些救济措施?②

A. 以案外人身份向甲县法院直接申请再审

B. 向甲县法院提出执行异议

C. 向甲县法院提出第三人撤销之诉

D. 向甲县法院申诉,要求甲县法院依职权对案件启动再审

---

① D ② BCD

| 刷题表 | 时 间 | 题号 | 一刷 | 二刷 | 题号 | 一刷 | 二刷 | 题号 | 一刷 | 二刷 | 题号 | 一刷 | 二刷 |

287. 2017/3/84/多

龙前铭申请执行郝辉损害赔偿一案,法院查扣了郝辉名下的一辆汽车。查扣后,郝辉的两个哥哥向法院主张该车系三兄弟共有。法院经审查,确认该汽车为三兄弟共有。关于该共同财产的执行,下列哪些表述是正确的?①

A. 因涉及案外第三人的财产,法院应裁定中止对该财产的执行
B. 法院可查扣该共有财产
C. 共有人可对该共有财产协议分割,经债权人同意有效
D. 龙前铭可对该共有财产提起析产诉讼

288. 2016/3/48/单

甲向法院申请执行郭某的财产,乙、丙和丁向法院申请参与分配,法院根据郭某财产以及各执行申请人债权状况制定了财产分配方案。甲和乙认为分配方案不合理,向法院提出了异议,法院根据甲和乙的意见,对分配方案进行修正后,丙和丁均反对。关于本案,下列哪一表述是正确的?②

A. 丙、丁应向执行法院的上一级法院申请复议
B. 甲、乙应向执行法院的上一级法院申请复议
C. 丙、丁应以甲和乙为被告向执行法院提起诉讼
D. 甲、乙应以丙和丁为被告向执行法院提起诉讼

289. 2016/3/49/单

何某依法院生效判决向法院申请执行甲的财产,在执行过程中,甲突发疾病猝死。法院询问甲的继承人是否继承遗产,甲的继承人乙表示继承,其他继承人均表示放弃继承。关于该案执行程序,下列哪一选项是正确的?③

A. 应裁定延期执行
B. 应直接执行被执行人甲的遗产
C. 应裁定变更乙为被执行人
D. 应裁定变更甲的全部继承人为被执行人

290. 2016/3/84/多

田某拒不履行法院令其迁出钟某房屋的判决,因钟某已与他人签

---

① BCD ② D ③ C

订租房合同,房屋无法交给承租人,使钟某遭受损失,钟某无奈之下向法院申请强制执行。法院受理后,责令田某15日内迁出房屋,但田某仍拒不履行。关于法院对田某可以采取的强制执行措施,下列哪些选项是正确的?①

A. 罚款
B. 责令田某向钟某赔礼道歉
C. 责令田某双倍补偿钟某所受到的损失
D. 责令田某加倍支付以钟某所受损失为基数的同期银行利息

291. 2015/3/49/多

甲乙双方合同纠纷,经仲裁裁决,乙须偿付甲货款100万元,利息5万元,分5期偿还。乙未履行该裁决。甲据此向法院申请执行,在执行过程中,双方达成和解协议,约定乙一次性支付货款100万元,甲放弃利息5万元并撤回执行申请。和解协议生效后,乙反悔,未履行和解协议。关于本案,下列哪些说法是正确的?②

A. 对甲撤回执行的申请,法院裁定中止执行
B. 甲可向法院申请执行和解协议
C. 甲可以乙违反和解协议为由提起诉讼
D. 甲可向法院申请执行原仲裁裁决,法院恢复执行

292. 张山承租林海的商铺经营饭店,因拖欠房租被诉至饭店所在地甲法院,法院判决张山偿付林海房租及利息,张山未履行判决。经律师调查发现,张山除所居住房以外,其名下另有一套房屋,林海遂向该房屋所在地乙法院申请执行。乙法院对该套房屋进行查封拍卖。执行过程中,张山前妻宁虹向乙法院提出书面异议,称两人离婚后该房屋已由丙法院判决归其所有,目前尚未办理房屋变更登记手续。

请回答第(1)~(3)题。

(1) 2015/3/98/任

对于宁虹的异议,乙法院的正确处理是:③

A. 应当自收到异议之日起15日内审查
B. 若异议理由成立,裁定撤销对该房屋的执行
C. 若异议理由不成立,裁定驳回
D. 应当告知宁虹直接另案起诉

---

① AC ② CD(原答案为D)。原为单选题,根据新法答案有变化,调整为多选题 ③ AC

（2） 2015/3/99/任

如乙法院裁定支持宁虹的请求,林海不服提出执行异议之诉,有关当事人的诉讼地位是:①

A. 林海是原告,张山是被告,宁虹是第三人

B. 林海和张山是共同原告,宁虹是被告

C. 林海是原告,张山和宁虹是共同被告

D. 林海是原告,宁虹是被告,张山视其态度而定

（3） 2015/3/100/任

乙法院裁定支持宁虹的请求,林海提出执行异议之诉,下列说法可成立的是:②

A. 林海可向甲法院提起执行异议之诉

B. 如乙法院审理该案,应适用普通程序

C. 宁虹应对自己享有涉案房屋所有权承担证明责任

D. 如林海未对执行异议裁定提出诉讼,张山可以提出执行异议之诉

293. 2014/3/49/单

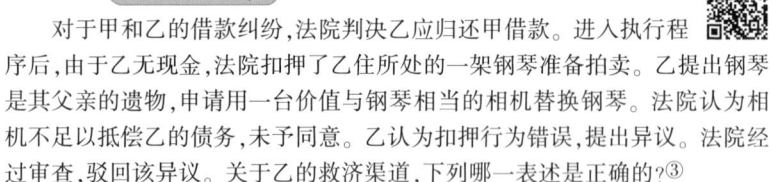

对于甲和乙的借款纠纷,法院判决乙应归还甲借款。进入执行程序后,由于乙无现金,法院扣押了乙住所处的一架钢琴准备拍卖。乙提出钢琴是其父亲的遗物,申请用一台价值与钢琴相当的相机替换钢琴。法院认为相机不足以抵偿乙的债务,未予同意。乙认为扣押行为错误,提出异议。法院经过审查,驳回该异议。关于乙的救济渠道,下列哪一表述是正确的?③

A. 向执行法院申请复议

B. 向执行法院的上一级法院申请复议

C. 向执行法院提起异议之诉

D. 向原审法院申请再审

294. 2014/3/85/单

甲诉乙返还 10 万元借款。胜诉后进入执行程序,乙表示自己没有现金,只有一枚祖传玉石可抵债。法院经过调解,说服甲接受玉石抵债,双方达成和解协议并当即交付了玉石。后甲发现此玉石为赝品,价值不足千元,遂申请法院恢复执行。关于执行和解,下列哪一项说法是正确的?④

---

① D ② BC ③ B ④ A(原答案为 AD)。原为多选题,根据新法答案有变化,调整为单选题

A. 法院不应在执行中劝说甲接受玉石抵债
B. 由于和解协议已经即时履行,法院无须再将和解协议记入笔录
C. 由于和解协议已经即时履行,法院可裁定执行中止
D. 法院应恢复执行

295. 兴源公司与郭某签订钢材买卖合同,并书面约定本合同一切争议由中国国际经济贸易仲裁委员会仲裁。兴源公司支付100万元预付款后,因郭某未履约依法解除了合同。郭某一直未将预付款返还,兴源公司遂提出返还货款的仲裁请求,仲裁庭适用简易程序审理,并作出裁决,支持该请求。

由于郭某拒不履行裁决,兴源公司申请执行。郭某无力归还100万元现金,但可以收藏的多幅字画提供执行担保。担保期满后郭某仍无力还款,法院在准备执行该批字画时,朱某向法院提出异议,主张自己才是这些字画的所有权人,郭某只是代为保管。

请回答第(1)~(3)题。

(1) 2013/3/98/任
针对本案中郭某拒不履行债务的行为,法院采取的正确的执行措施是:①
A. 依职权决定限制郭某乘坐飞机
B. 要求郭某报告当前的财产情况
C. 强制郭某加倍支付迟延履行期间的债务利息
D. 根据郭某的申请,对拖欠郭某货款的金康公司发出履行通知

(2) 2013/3/99/任
如果法院批准了郭某的执行担保申请,驳回了朱某的异议,关于执行担保的效力和救济,下列选项正确的是:②
A. 批准执行担保后,应当裁定终结执行
B. 担保期满后郭某仍无力偿债,法院根据兴源公司申请方可恢复执行
C. 恢复执行后,可以执行作为担保财产的字画
D. 恢复执行后,既可以执行字画,也可以执行郭某的其他财产

(3) 2013/3/100/任
关于朱某的异议和处理,下列选项正确的是:③
A. 朱某应当以书面方式提出异议

① ABCD ② CD ③ AC

B. 法院在审查异议期间,不停止执行活动,可以对字画采取保全措施和处分措施
C. 如果朱某对驳回异议的裁定不服,可以提出执行标的异议之诉
D. 如果朱某对驳回异议的裁定不服,可以申请再审

296. (2011/3/46/单)
执行程序的参与分配制度对适用条件作了规定。下列哪一选项不属于参与分配适用的条件?①

A. 被执行人的财产无法清偿所有的债权
B. 被执行人为法人或其他组织而非自然人
C. 有多个申请人对同一被申请人享有债权
D. 参与分配的债权只限于金钱债权

297. (2011/3/47/单)
关于执行行为异议与案外人对诉讼标的异议的比较,下列哪一选项是错误的?②

A. 异议都是在执行过程中提出
B. 异议都应当向执行法院提出
C. 申请异议当事人有部分相同
D. 申请异议人对法院针对异议所作裁定不服,可采取的救济手段相同

298. (2010/3/45/单)
法院受理甲出版社、乙报社著作权纠纷案,判决乙赔偿甲10万元,并登报赔礼道歉。判决生效后,乙交付10万元,但未按期赔礼道歉,甲申请强制执行。执行中,甲、乙自行达成口头协议,约定乙免于赔礼道歉,但另付甲一万元。关于法院的做法,下列哪一选项是正确的?③

A. 不允许,因协议内容超出判决范围,应当继续执行生效判决
B. 允许,法院视为申请人撤销执行申请
C. 允许,将当事人协议内容记入笔录,由甲、乙签字或盖章
D. 允许,根据当事人协议内容制作调解书

299. (2010/3/49/单)
甲公司申请强制执行乙公司的财产,法院将乙公司的一处房产列

① B ② D ③ C

为执行标的。执行中,丙银行向法院主张,乙公司已将该房产抵押贷款,并以自己享有抵押权为由提出异议。乙公司否认将房产抵押给丙银行。经审查,法院驳回丙银行的异议。丙银行拟向法院起诉,关于本案被告的确定,下列哪一选项是正确的?①

A. 丙银行只能以乙公司为被告起诉
B. 丙银行只能以甲公司为被告起诉
C. 丙银行可选择甲公司为被告起诉,也可选择乙公司为被告起诉
D. 丙银行应当以甲公司和乙公司为共同被告起诉

300． 2010/3/90/任

根据《民事诉讼法》和相关司法解释规定,关于执行程序中的当事人,对下列哪些事项可享有异议权?②

A. 法院对某案件的执行管辖权
B. 执行法院的执行行为的合法性
C. 执行标的的所有权归属
D. 执行法院作出的执行中止的裁定

301． 2009/3/50/单

在民事执行中,被执行人朱某申请暂缓执行,提出由吴某以自有房屋为其提供担保,申请执行人刘某同意。法院作出暂缓执行裁定,期限为六个月。对于暂缓执行期限届满后朱某仍不履行义务的情形,下列哪一选项是正确的?③

A. 刘某应起诉吴某,取得执行依据可申请执行吴某的担保房产
B. 朱某财产不能清偿全部债务时刘某方能起诉吴某,取得执行依据可申请执行吴某的担保房产
C. 朱某财产不能清偿刘某债权时法院方能执行吴某的担保房产
D. 法院可以直接裁定执行吴某的担保房产

302． 2009/3/86/任

关于民事审判程序与民事执行程序的关系,下列哪些说法是错误的?④

A. 民事审判程序是确认民事权利义务的程序,民事执行程序是实现民事权利义务关系的程序

① D ② AB ③ D ④ BCD

B. 法院对案件裁定进行再审时,应当裁定终结执行
C. 民事审判程序是民事执行程序的前提
D. 民事执行程序是民事审判程序的继续

303. 2008/3/89/任

执行法院对下列哪些财产不得采取执行措施?①

A. 被执行人未发表的著作
B. 被执行人及其所扶养家属完成义务教育所必需的物品
C. 金融机构交存在中国人民银行的存款准备金和备付金
D. 金融机构的营业场所

专题二十二 涉外民事诉讼程序

考点52 涉外民事诉讼程序

304. 2014/3/84/多

2012年1月,中国甲市公民李虹(女)与美国留学生琼斯(男)在中国甲市登记结婚,婚后两人一直居住在甲市B区。2014年2月,李虹提起离婚诉讼,甲市B区法院受理了该案件,适用普通程序审理。关于本案,下列哪些表述是正确的?②

A. 本案的一审审理期限为6个月
B. 法院送达诉讼文书时,对李虹与琼斯可采取同样的方式
C. 不服一审判决,李虹的上诉期为15天,琼斯的上诉期为30天
D. 美国驻华使馆法律参赞可以个人名义为琼斯的诉讼代理人参加诉讼

305. 2013/3/47/单

关于涉外民事诉讼管辖的表述,下列哪一选项是正确的?③

A. 凡是涉外诉讼与我国法院所在地存在一定实际联系的,我国法院都有管辖权,体现了诉讼与法院所在地实际联系原则
B. 当事人在不违反级别管辖和专属管辖的前提下,可以约定各类涉外民事案件的管辖法院,体现了尊重当事人原则
C. 中外合资经营企业与其他民事主体的合同纠纷,专属我国法院管辖,

① ABCD ② BD ③ A

体现了维护国家主权原则

D. 重大的涉外案件由中级以上级别的法院管辖,体现了便于当事人诉讼原则

306. 2010/3/85/多

住所位于我国 A 市 B 区的甲公司与美国乙公司在我国 M 市 N 区签订了一份买卖合同,美国乙公司在我国 C 市 D 区设有代表处。甲公司因乙公司提供的产品质量问题诉至法院。关于本案,下列哪些选项是正确的?①

A. M 市 N 区法院对本案有管辖权

B. C 市 D 区法院对本案有管辖权

C. 法院向乙公司送达时,可向乙公司设在 C 市 D 区的代表处送达

D. 如甲公司不服一审判决,应当在一审判决书送达之日起十五日内提起上诉

307. 2009/3/90/任

中国公民甲与外国公民乙因合同纠纷诉至某市中级法院,法院判决乙败诉。判决生效后,甲欲请求乙所在国家的法院承认和执行该判决。关于甲可以利用的途径,下列哪些说法是正确的?②

A. 可以直接向有管辖权的外国法院申请承认和执行

B. 可以向中国法院申请,由法院根据我国缔结或者参加的国际条约,或者按照互惠原则,请求外国法院承认和执行

C. 可以向司法行政部门申请,由司法行政部门根据我国缔结或者参加的国际条约,或者按照互惠原则,请求外国法院承认和执行

D. 可以向外交部门申请,由外交部门向外国中央司法机关请求协助

308. 2008/3/50/多

关于涉外民事诉讼及仲裁中相关问题的说法,下列哪些选项是错误的?③

A. 涉外民事诉讼的财产保全,只能依申请开始,法院不能依职权进行

B. 涉外财产保全中的诉前财产保全,法院可以责令申请人提供担保

C. 涉外仲裁裁决在外国的承认与执行,只能由当事人向有关外国法院申请

---

① ABCD ② AB ③ AB(原答案为 B)。原为单选题,根据新法答案有变化,调整为多选题

D. 涉外民事判决的承认与执行,既可以由当事人向有管辖权的外国法院申请,也可以由人民法院请求外国法院承认与执行

309. 2008/3/81/多

根据《民事诉讼法》的规定,我国法院与外国法院可以进行司法协助,互相委托,代为一定的诉讼行为。但是在下列哪些情况下,我国法院应予以驳回或说明理由退回外国法院?①

A. 委托事项同我国的主权、安全不相容的
B. 不属于我国法院职权范围的
C. 违反我国法律的基本准则或者我国国家利益、社会利益的
D. 外国法院委托我国法院代为送达法律文书,未附中文译本的

专题二十三 仲裁与仲裁法概述

考点53 仲裁与仲裁法概述

310. 2020 回忆/任

洪县的李某和成县的辛某因买卖合同发生纠纷,双方约定由成县仲裁委仲裁解决该买卖合同纠纷。后李某向成县法院起诉,法院受理了该案件。首次开庭前,辛某主张双方存在仲裁协议,李某当庭将辛某打伤。双方当事人就医药费赔偿问题达成仲裁协议,由 C 仲裁委或者 D 仲裁委仲裁。辛某向 C 仲裁委申请仲裁,首次开庭,双方当事人对仲裁协议没有异议。在仲裁委的调解下,双方当事人达成调解协议,仲裁委依据调解协议制作了调解书。关于本案,说法正确的是:②

A. 当事人可以仲裁协议无效为由申请撤销仲裁调解书
B. 当事人约定由 C 仲裁委或 D 仲裁委仲裁的仲裁协议并非当然无效
C. C 仲裁委受理案件是错误的
D. 成县法院应裁定驳回起诉

311. 2012/3/85/多

关于法院与仲裁庭在审理案件有关权限的比较,下列哪些选项是正确的?③

A. 在一定情况下,法院可以依职权收集证据,仲裁庭也可以自行收集证据

---

① ABCD ② C ③ AB

· 110 ·

B. 对专门性问题需要鉴定的,法院可以指定鉴定部门鉴定,仲裁庭也可以指定鉴定部门鉴定
C. 当事人在诉讼中或仲裁中达成和解协议的,法院可以根据当事人的申请制作判决书,仲裁庭也可以根据当事人的申请制作裁决书
D. 当事人协议不愿写明争议事实和判(裁)决理由的,法院可以在判决书中不予写明,仲裁庭也可以在裁决书中不予写明

312. 2011/3/36/单

关于民事仲裁与民事诉讼的区别,下列哪一选项是正确的?①

A. 具有给付内容的生效判决书都具有执行力,具有给付内容的生效裁决书没有执行力
B. 诉讼中当事人可以申请财产保全,在仲裁中不可以申请财产保全
C. 仲裁不需对案件进行开庭审理,诉讼原则上要对案件进行开庭审理
D. 仲裁机构是民间组织,法院是国家机关

专题二十四 仲裁协议

考点54 仲裁协议

313. 2022 回忆/多

A市甲公司与B市乙公司签订建设工程施工合同,合同约定,合同履行发生纠纷可向A市的A仲裁委员会或B市的B仲裁委员会申请仲裁。合同发生纠纷后,甲公司向仲裁委员会申请仲裁,乙公司请求确认仲裁协议无效。关于本案,下列哪些说法是正确的?②

A. 甲公司可向A仲裁委员会申请仲裁
B. 甲公司可向B仲裁委员会申请仲裁
C. 乙公司可向A仲裁委员会申请确认仲裁协议效力
D. 乙公司可向B市中级人民法院申请确认仲裁协议效力

314. 2017/3/35/单

住所在M省甲县的旭日公司与住所在N省乙县的世新公司签订了一份建筑工程施工合同,工程地为M省丙县,并约定如合同履行发生争议,在北京适用《中国国际经济贸易仲裁委员会仲裁规则》进行仲裁。履行过程

① D ② CD

中,因工程款支付问题发生争议,世新公司拟通过仲裁或诉讼解决纠纷,但就在哪个仲裁机构进行仲裁,双方产生分歧。对此,下列哪一部门对该案享有管辖权?①

A. 北京仲裁委员会
B. 中国国际经济贸易仲裁委员会
C. M省甲县法院
D. M省丙县法院

315. 2017/3/50/单

住所在A市B区的两江公司与住所在M市N区的百向公司,在两江公司的分公司所在地H市J县签订了一份产品购销合同,并约定如发生合同纠纷可向设在W市的仲裁委员会申请仲裁(W市有两个仲裁委员会)。因履行合同发生争议,两江公司向W市的一个仲裁委员会申请仲裁。仲裁委员会受理后,百向公司拟向法院申请认定仲裁协议无效。百向公司应向下列哪一法院提出申请?②

A. 可向W市中级法院申请
B. 只能向M市中级法院申请
C. 只能向A市中级法院申请
D. 可向H市中级法院申请

316. 2017/3/85/多

住所在北京市C区的甲公司与住所在北京市H区的乙公司在天津市J区签订了一份买卖合同,约定合同履行发生争议,由北京仲裁委员会仲裁或者向H区法院提起诉讼。合同履行过程中,双方发生争议,甲公司到北京仲裁委员会申请仲裁,仲裁委员会受理并向乙公司送达了甲公司的申请书副本。在仲裁庭主持首次开庭的答辩阶段,乙公司对仲裁协议的效力提出异议。仲裁庭对此作出了相关的意思表示。此后,乙公司又向法院提出对仲裁协议的效力予以认定的申请。下列哪些选项是正确的?③

A. 双方当事人约定的仲裁协议原则有效
B. 仲裁庭对案件管辖权作出决定应有仲裁委员会的授权
C. 仲裁庭对乙公司的申请应予以驳回,继续审理案件
D. 乙公司应向天津市中级法院申请认定仲裁协议的效力

① D ② D ③ BC

| 刷题表 | 时　间 | 题号 | 一刷 | 二刷 | 题号 | 一刷 | 二刷 | 题号 | 一刷 | 二刷 | 题号 | 一刷 | 二刷 |

317. 2016/3/95/任

住所地在 H 省 K 市 L 区的甲公司与住所地在 F 省 E 市 D 区的乙公司签订了一份钢材买卖合同,价款数额为 90 万元。合同在 B 市 C 区签订,双方约定合同履行地为 W 省 Z 市 Y 区,同时约定如因合同履行发生争议,由 B 市仲裁委员会仲裁。合同履行过程中,因钢材质量问题,甲公司与乙公司发生争议,甲公司欲申请仲裁解决。因 B 市有两个仲裁机构,分别为丙仲裁委员会和丁仲裁委员会(两个仲裁委员会所在地都在 B 市 C 区),乙公司认为合同中的仲裁条款无效,欲向有关机构申请确认仲裁条款无效。依据法律和司法解释的规定,乙公司可以向有关机构申请确认仲裁条款无效。关于确认的机构,下列选项正确的是:①

A. 丙仲裁委员会

B. 丁仲裁委员会

C. B 市中级法院

D. B 市 C 区法院

318. 2016/3/98/任

甲市 L 区居民叶某购买了住所在乙市 M 区的大亿公司开发的位于丙市 N 区的商品房一套,合同中约定双方因履行合同发生争议可以向位于丙市的仲裁委员会(丙市仅有一家仲裁机构)申请仲裁。因大亿公司迟迟未按合同约定交付房屋,叶某向仲裁委员会申请仲裁。大亿公司以仲裁机构约定不明,向仲裁委员会申请确认仲裁协议无效。经审查,仲裁委员会作出了仲裁协议有效的决定。在第一次仲裁开庭时,大亿公司声称其又向丙市中级法院请求确认仲裁协议无效,申请仲裁庭中止案件审理。在仲裁过程中仲裁庭组织调解,双方达成了调解协议,仲裁庭根据协议内容制作了裁决书。后因大亿公司不按调解协议履行义务,叶某向法院申请强制执行,而大亿公司则以调解协议内容超出仲裁请求为由,向法院申请不予执行仲裁裁决。

大亿公司向丙市中级法院请求确认仲裁协议无效,对此,正确的做法是:②

A. 丙市中级法院应予受理并进行审查

B. 丙市中级法院不予受理

C. 仲裁庭在法院就仲裁协议效力作出裁定之前,应当中止仲裁程序

D. 仲裁庭应继续开庭审理

① ABC　② BD

| 刷题表 | 时 间 | 题号 | 一刷 | 二刷 | 题号 | 一刷 | 二刷 | 题号 | 一刷 | 二刷 | 题号 | 一刷 | 二刷 |

319. 2015/3/50/单

大成公司与华泰公司签订投资合同,约定了仲裁条款:如因合同效力和合同履行发生争议,由 A 仲裁委员会仲裁。合作中双方发生争议,大成公司遂向 A 仲裁委员会提出仲裁申请,要求确认投资合同无效。A 仲裁委员会受理。华泰公司提交答辩书称,如合同无效,仲裁条款当然无效,故 A 仲裁委员会无权受理本案。随即,华泰公司向法院申请确认仲裁协议无效,大成公司见状,向 A 仲裁委员会提出请求确认仲裁协议有效。关于本案,下列哪一说法是正确的?①

A. A 仲裁委员会无权确认投资合同是否有效
B. 投资合同无效,仲裁条款即无效
C. 仲裁条款是否有效,应由法院作出裁定
D. 仲裁条款是否有效,应由 A 仲裁委员会作出决定

320. 2014/3/98/任

B 市的京发公司与 T 市的蓟门公司签订了一份海鲜买卖合同,约定交货地在 T 市,并同时约定"涉及本合同的争议,提交 S 仲裁委员会仲裁。"京发公司收货后,认为海鲜等级未达到合同约定,遂向 S 仲裁委员会提起解除合同的仲裁申请,仲裁委员会受理了该案。在仲裁规则确定的期限内,京发公司选定仲裁员李某作为本案仲裁庭的仲裁员,蓟门公司未选定仲裁员,双方当事人也未共同选定第三名仲裁员,S 仲裁委主任指定张某为本案仲裁庭仲裁员、刘某为本案首席仲裁员,李某、张某、刘某共同组成本案的仲裁庭,仲裁委向双方当事人送达了开庭通知。

开庭当日,蓟门公司未到庭,也未向仲裁庭说明未到庭的理由。仲裁庭对案件进行了审理并作出缺席裁决。在评议裁决结果时,李某和张某均认为蓟门公司存在严重违约行为,合同应解除,而刘某认为合同不应解除,拒绝在裁决书上签名。最终,裁决书上只有李某和张某的签名。

S 仲裁委员会将裁决书向双方当事人进行送达时,蓟门公司拒绝签收,后蓟门公司向法院提出撤销仲裁裁决的申请。关于本案中仲裁庭组成,下列说法正确的是:②

A. 京发公司有权选定李某为本案仲裁员
B. 仲裁委主任有权指定张某为本案仲裁员
C. 仲裁委主任有权指定刘某为首席仲裁员

① C ② ABCD

D. 本案仲裁庭的组成合法

321. 兴源公司与郭某签订钢材买卖合同,并书面约定本合同一切争议由中国国际经济贸易仲裁委员会仲裁。兴源公司支付 100 万元预付款后,因郭某未履约依法解除了合同。郭某一直未将预付款返还,兴源公司遂提出返还货款的仲裁请求,仲裁庭适用简易程序审理,并作出裁决,支持该请求。

由于郭某拒不履行裁决,兴源公司申请执行。郭某无力归还 100 万元现金,但可以收藏的多幅字画提供执行担保。担保期满后郭某仍无力还款,法院在准备执行该批字画时,朱某向法院提出异议,主张自己才是这些字画的所有权人,郭某只是代为保管。

请回答下列(1)(2)题。

(1) 2013/3/95/任
关于仲裁协议的表述,下列选项正确的是:①
A. 买卖合同虽已解除,但仲裁条款具有独立性,兴源公司可以据此申请仲裁
B. 兴源公司返还货款的请求是基于不当得利请求权,与买卖合同无关,不应据此申请仲裁
C. 仲裁协议未约定适用简易程序,仲裁庭不应适用简易程序审理
D. 双方选择的中国国际经济贸易仲裁委员会是涉外仲裁机构,本案不具有涉外因素,应当重新选择

(2) 2013/3/97/任
假设在执行过程中,郭某向法院提出异议,认为本案并非合同纠纷,不属于仲裁协议约定的纠纷范围。法院对该异议正确的处理方式是:②
A. 裁定执行中止
B. 经过审理,裁定不予执行仲裁裁决的,同时裁定终结执行
C. 经过审理,可以通知仲裁委员会重新仲裁
D. 不予支持该异议

322. 2012/3/18/单
武当公司与洪湖公司签订了一份钢材购销合同,同时约定,因合同效力或合同的履行发生纠纷提交 A 仲裁委员会或 B 仲裁委员会仲裁解决。合同签订后,洪湖公司以本公司具体承办人超越权限签订合同为由,主张合

---
① A ② D

同无效。关于本案,下列哪一说法是正确的?①

A. 因当事人约定了2个仲裁委员会,仲裁协议当然无效
B. 因洪湖公司承办人员超越权限签订合同导致合同无效,仲裁协议当然无效
C. 洪湖公司如向法院起诉,法院应当受理
D. 洪湖公司如向法院起诉,法院应当裁定不予受理

323． 2010/3/43/单

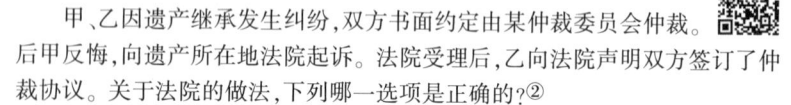

甲、乙因遗产继承发生纠纷,双方书面约定由某仲裁委员会仲裁。后甲反悔,向遗产所在地法院起诉。法院受理后,乙向法院声明双方签订了仲裁协议。关于法院的做法,下列哪一选项是正确的?②

A. 裁定驳回起诉
B. 裁定驳回诉讼请求
C. 裁定将案件移送某仲裁委员会审理
D. 法院裁定仲裁协议无效,对案件继续审理

324． 2010/3/84/多

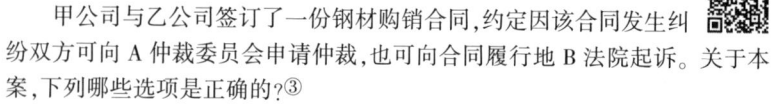

甲公司与乙公司签订了一份钢材购销合同,约定因该合同发生纠纷双方可向A仲裁委员会申请仲裁,也可向合同履行地B法院起诉。关于本案,下列哪些选项是正确的?③

A. 双方达成的仲裁协议无效
B. 双方达成的管辖协议有效
C. 如甲公司向A仲裁委员会申请仲裁,乙公司在仲裁庭首次开庭前未提出异议,A仲裁委员会可对该案进行仲裁
D. 如甲公司向B法院起诉,乙公司在法院首次开庭时对法院管辖提出异议,法院应当驳回甲公司的起诉

专题二十五　仲裁程序

考点55 仲裁申请、受理与审理程序

325． 2016/3/50/单

甲公司与乙公司因合同纠纷向某仲裁委员会申请仲裁,第一次开

① C　② D　③ ABC

庭后,甲公司的代理律师发现合议庭首席仲裁员苏某与乙公司的老总汪某在一起吃饭,遂向仲裁庭提出回避申请。关于本案仲裁程序,下列哪一选项是正确的?①

A. 苏某的回避应由仲裁委员会集体决定
B. 苏某回避后,合议庭应重新组成
C. 已经进行的仲裁程序应继续进行
D. 当事人可请求已进行的仲裁程序重新进行

326. 2014/3/77/多

甲县的佳华公司与乙县的亿龙公司订立的烟叶买卖合同中约定,如果因为合同履行发生争议,应提交 A 仲裁委员会仲裁。佳华公司交货后,亿龙公司认为烟叶质量与约定不符,且正在霉变,遂准备提起仲裁,并对烟叶进行证据保全。关于本案的证据保全,下列哪些表述是正确的?②

A. 在仲裁程序启动前,亿龙公司可直接向甲县法院申请证据保全
B. 在仲裁程序启动后,亿龙公司既可直接向甲县法院申请证据保全,也可向 A 仲裁委员会申请证据保全
C. 法院根据亿龙公司申请采取证据保全措施时,可要求其提供担保
D. A 仲裁委员会收到保全申请后,应提交给烟叶所在地的中级法院

327. 2012/3/49/单

某仲裁委员会在开庭审理甲公司与乙公司合同纠纷一案时,乙公司对仲裁庭中的一名仲裁员提出了回避申请。经审查后,该仲裁员依法应予回避,仲裁委员会重新确定了仲裁员。关于仲裁程序如何进行,下列哪一选项是正确的?③

A. 已进行的仲裁程序应当重新进行
B. 已进行的仲裁程序有效,仲裁程序应当继续进行
C. 当事人请求已进行的仲裁程序重新进行的,仲裁程序应重新进行
D. 已进行的仲裁程序是否重新进行,仲裁庭有权决定

328. 2010/3/44/单

关于法院对仲裁的司法监督的说法,下列哪一选项是错误的?④

A. 仲裁当事人申请财产保全,应当向仲裁机构申请,由仲裁机构将该申请移交给相关法院

---

① D ② AC ③ D ④ D

B. 仲裁当事人申请撤销仲裁裁决被法院驳回,此后以相同理由申请不予执行,法院不予支持
C. 仲裁当事人在仲裁程序中没有提出对仲裁协议效力的异议,此后以仲裁协议无效为由申请撤销或不予执行,法院不予支持
D. 申请撤销仲裁裁决或申请不予执行仲裁裁决程序中,法院可通知仲裁机构在一定期限内重新仲裁

329． 2008/3/88/任

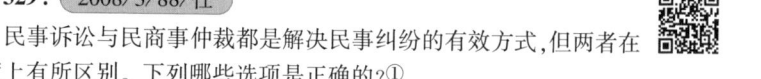

民事诉讼与民商事仲裁都是解决民事纠纷的有效方式,但两者在制度上有所区别。下列哪些选项是正确的?①

A. 民事诉讼可以解决各类民事纠纷,仲裁不适用与身份关系有关的民事纠纷
B. 民事诉讼实行两审终审,仲裁实行一裁终局
C. 民事诉讼判决书需要审理案件的全体审判人员签署,仲裁裁决则可由部分仲裁庭成员签署
D. 民事诉讼中财产保全由法院负责执行,而仲裁机构则不介入任何财产保全活动

考点56 仲裁调解、和解与裁决

330． 2021 回忆/任

岳某与申某签订药材买卖合同,双方约定合同履行发生纠纷向某市仲裁委员会申请仲裁。后因申某供应的药材质量不合格,岳某就赔偿事宜向某市仲裁委员会申请仲裁。仲裁过程中,经仲裁庭调解,双方达成调解协议。关于仲裁调解,下列表述不正确的是:②

A. 如申某不履行调解协议,岳某可向仲裁机构所在地法院申请执行
B. 如调解达成协议后申某即时向岳某履行,仲裁庭无须制作调解书
C. 仲裁庭应根据调解协议制作仲裁裁决书
D. 仲裁庭应根据调解协议制作仲裁调解书

331． 2016/3/99/任

甲市 L 区居民叶某购买了住所在乙市 M 区的大亿公司开发的位于丙市 N 区的商品房一套,合同中约定双方因履行合同发生争议可以向位于

---
① ABC　② ABCD

丙市的仲裁委员会(丙市仅有一家仲裁机构)申请仲裁。因大亿公司迟迟未按合同约定交付房屋,叶某向仲裁委员会申请仲裁。大亿公司以仲裁机构约定不明,向仲裁委员会申请确认仲裁协议无效。经审查,仲裁委员会作出了仲裁协议有效的决定。在第一次仲裁开庭时,大亿公司声称其又向丙市中级法院请求确认仲裁协议无效,申请仲裁庭中止案件审理。在仲裁过程中仲裁庭组织调解,双方达成了调解协议,仲裁庭根据协议内容制作了裁决书。后因大亿公司不按调解协议履行义务,叶某向法院申请强制执行,而大亿公司则以调解协议内容超出仲裁请求为由,向法院申请不予执行仲裁裁决。

双方当事人在仲裁过程中达成调解协议,仲裁庭正确的结案方式是:①

A. 根据调解协议制作调解书

B. 应当依调解协议制作裁决书

C. 将调解协议内容记入笔录,由双方当事人签字后即发生法律效力

D. 根据调解协议的结果制作裁决书

332. 2014/3/99/任

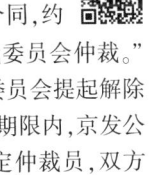

B 市的京发公司与 T 市的蓟门公司签订了一份海鲜买卖合同,约定交货地在 T 市,并同时约定"涉及本合同的争议,提交 S 仲裁委员会仲裁。"京发公司收货后,认为海鲜等级未达到合同约定,遂向 S 仲裁委员会提起解除合同的仲裁申请,仲裁委员会受理了该案。在仲裁规则确定的期限内,京发公司选定仲裁员李某作为本案仲裁庭的仲裁员,蓟门公司未选定仲裁员,双方当事人也未共同选定第三名仲裁员,S 仲裁委主任指定张某为本案仲裁庭仲裁员、刘某为本案首席仲裁员,李某、张某、刘某共同组成本案的仲裁庭,仲裁委向双方当事人送达了开庭通知。

开庭当日,蓟门公司未到庭,也未向仲裁庭说明未到庭的理由。仲裁庭对案件进行了审理并作出缺席裁决。在评议裁决结果时,李某和张某均认为蓟门公司存在严重违约行为,合同应解除,而刘某认为合同不应解除,拒绝在裁决书上签名。最终,裁决书上只有李某和张某的签名。

S 仲裁委员会将裁决书向双方当事人进行送达时,蓟门公司拒绝签收,后蓟门公司向法院提出撤销仲裁裁决的申请。关于本案的裁决书,下列表述正确的是:②

A. 裁决书应根据仲裁庭中的多数意见,支持京发公司的请求

B. 裁决书应根据首席仲裁员的意见,驳回京发公司的请求

---

① AD ② AD

C. 裁决书可支持京发公司的请求,但必须有首席仲裁员的签名
D. 无论蓟门公司是否签收,裁决书自作出之日起生效

333. 2011/3/50/单
根据《仲裁法》,仲裁庭作出的裁决书生效后,在下列哪一情形下仲裁庭不可进行补正?①
A. 裁决书认定的事实错误
B. 裁决书中的文字错误
C. 裁决书中的计算错误
D. 裁决书遗漏了仲裁评议中记录的仲裁庭已经裁决的事项

334. 2010/3/81/多
关于仲裁调解,下列哪些表述是正确的?②
A. 仲裁调解达成协议的,仲裁庭应当根据协议制作调解书或根据协议结果制作裁决书
B. 对于事实清楚的案件,仲裁庭可依职权进行调解
C. 仲裁调解达成协议的,经当事人、仲裁员在协议上签字后即发生效力
D. 仲裁庭在作出裁决前可先行调解

335. 2008/3/39/单
南沙公司与北极公司因购销合同发生争议,南沙公司向仲裁委员会申请仲裁,在仲裁中双方达成和解协议,南沙公司向仲裁庭申请撤回仲裁申请。之后,北极公司拒不履行和解协议。下列哪一选项是正确的?③
A. 南沙公司可以根据原仲裁协议申请仲裁
B. 南沙公司应与北极公司重新达成仲裁协议后,才可以申请仲裁
C. 南沙公司可以直接向法院起诉
D. 仲裁庭可以裁定恢复仲裁程序

专题二十六 申请撤销仲裁裁决

考点57 申请撤销仲裁裁决

336. 2014/3/100/任
B市的京发公司与T市的蓟门公司签订了一份海鲜买卖合同,约

① A ② AD ③ A

定交货地在T市,并同时约定"涉及本合同的争议,提交S仲裁委员会仲裁。"京发公司收货后,认为海鲜等级未达到合同约定,遂向S仲裁委员会提起解除合同的仲裁申请,仲裁委员会受理了该案。在仲裁规则确定的期限内,京发公司选定仲裁员李某作为本案仲裁庭的仲裁员,蓟门公司未选定仲裁员,双方当事人也未共同选定第三名仲裁员,S仲裁委主任指定张某为本案仲裁庭仲裁员、刘某为本案首席仲裁员,李某、张某、刘某共同组成本案的仲裁庭,仲裁委向双方当事人送达了开庭通知。

开庭当日,蓟门公司未到庭,也未向仲裁庭说明未到庭的理由。仲裁庭对案件进行了审理并作出缺席裁决。在评议裁决结果时,李某和张某均认为蓟门公司存在严重违约行为,合同应解除,而刘某认为合同不应解除,拒绝在裁决书上签名。最终,裁决书上只有李某和张某的签名。

S仲裁委员会将裁决书向双方当事人进行送达时,蓟门公司拒绝签收,后蓟门公司向法院提出撤销仲裁裁决的申请。

关于蓟门公司撤销仲裁裁决的申请,下列表述正确的是:①
A. 蓟门公司应向S仲裁委所在地中院提出申请
B. 法院应适用普通程序审理该撤销申请
C. 法院可以适用法律错误为由撤销S仲裁委的裁决
D. 法院应以缺席裁决违反法定程序为由撤销S仲裁委的裁决

337. 2010/3/86/任

甲公司因与乙公司合同纠纷申请仲裁,要求解除合同。某仲裁委员会经审理裁决解除双方合同,还裁决乙公司赔偿甲公司损失六万元。关于本案的仲裁裁决,下列哪些表述是正确的?②
A. 因仲裁裁决超出了当事人请求范围,乙公司可申请撤销超出甲公司请求部分的裁决
B. 因仲裁裁决超出了当事人请求范围,乙公司可向法院提起诉讼
C. 因仲裁裁决超出了当事人请求范围,乙公司可向法院申请再审
D. 乙公司可申请不予执行超出甲公司请求部分的仲裁裁决

338. 2008/3/41/单

某仲裁委员会对甲公司与乙公司之间的买卖合同一案作出裁决后,发现该裁决存在超裁情形,甲公司与乙公司均对裁决持有异议。关于此仲

---

① A ② AD

裁裁决,下列哪一选项是正确的?①

A. 该仲裁委员会可以直接变更已生效的裁决,重新作出新的裁决
B. 甲公司或乙公司可以请求该仲裁委员会重新作出仲裁裁决
C. 该仲裁委员会申请法院撤销此仲裁裁决
D. 甲公司或乙公司可以请求法院撤销此仲裁裁决

专题二十七 仲裁裁决的执行与不予执行

考点58 仲裁裁决的执行与不予执行

339. 2016/3/100/任

甲市L区居民叶某购买了住所在乙市M区的大亿公司开发的位于丙市N区的商品房一套,合同中约定双方因履行合同发生争议可以向位于丙市的仲裁委员会(丙市仅有一家仲裁机构)申请仲裁。因大亿公司迟迟未按合同约定交付房屋,叶某向仲裁委员会申请仲裁。大亿公司以仲裁机构约定不明,向仲裁委员会申请确认仲裁协议无效。经审查,仲裁委员会作出了仲裁协议有效的决定。在第一次仲裁开庭时,大亿公司声称其又向丙市中级法院请求确认仲裁协议无效,申请仲裁庭中止案件审理。在仲裁过程中仲裁庭组织调解,双方达成了调解协议,仲裁庭根据协议内容制作了裁决书。后因大亿公司不按调解协议履行义务,叶某向法院申请强制执行,而大亿公司则以调解协议内容超出仲裁请求为由,向法院申请不予执行仲裁裁决。

大亿公司以调解协议超出仲裁请求范围请求法院不予执行仲裁裁决,法院正确的做法是:②

A. 不支持,继续执行
B. 应支持,并裁定不予执行
C. 应告知当事人申请撤销仲裁裁决,并裁定中止执行
D. 应支持,必要时可通知仲裁庭重新仲裁

340. 2012/3/50/单

甲公司因与乙公司的合同纠纷向某仲裁委员会申请仲裁,甲公司的仲裁请求得到仲裁庭的支持。裁决作出后,乙公司向法院申请撤销仲裁裁决。法院在审查过程中,甲公司向法院申请强制执行仲裁裁决。关于本案,下列哪一说法是正确的?③

① D ② A ③ D

A. 法院对撤销仲裁裁决申请的审查,不影响法院对该裁决的强制执行
B. 法院不应当受理甲公司的执行申请
C. 法院应当受理甲公司的执行申请,同时应当告知乙公司向法院申请裁定不予执行仲裁裁决
D. 法院应当受理甲公司的执行申请,受理后应当裁定中止执行

341. 2011/3/49/单

甲不履行仲裁裁决,乙向法院申请执行。甲拟提出不予执行的申请并提出下列证据证明仲裁裁决应不予执行。针对下列哪一选项,法院可裁定驳回甲的申请?①

A. 甲、乙没有订立仲裁条款或达成仲裁协议
B. 仲裁庭组成违反法定程序
C. 裁决事项超出仲裁机构权限范围
D. 仲裁裁决没有根据经当事人质证的证据认定事实

---

① D

图书在版编目（CIP）数据

2024国家统一法律职业资格考试攻略. 必刷题.4,民诉法 / 拓朴法考编著. —北京：中国法制出版社，2024.4
ISBN 978-7-5216-4158-5

Ⅰ. ①2… Ⅱ. ①拓… Ⅲ. ①民事诉讼法-中国-资格考试-习题集 Ⅳ. ①D920.4

中国国家版本馆CIP数据核字（2024）第032428号

责任编辑：李连宇	封面设计：拓 朴

2024国家统一法律职业资格考试攻略.必刷题.4，民诉法
2024 GUOJIA TONGYI FALÜ ZHIYE ZIGE KAOSHI GONGLÜE.BISHUATI.4，MINSUFA
编著／拓朴法考
经销／新华书店
印刷／三河市华润印刷有限公司
开本／787毫米×1092毫米　32开　　　　　　　　印张／4　字数／130千
版次／2024年4月第1版　　　　　　　　　　　2024年4月第1次印刷

中国法制出版社出版
书号 ISBN 978-7-5216-4158-5　　　　　　　总定价：118.00元（全八册）

北京市西城区西便门西里甲16号西便门办公区
邮政编码：100053　　　　　　　　　　　　传真：010-63141600
网址：http://www.zgfzs.com　　　　　　　编辑部电话：010-63141811
市场营销部电话：010-63141612　　　　　　印务部电话：010-63141606

（如有印装质量问题，请与本社印务部联系。）
本书二维码内容由拓朴法考提供，用于服务广大考生，有效期截至2024年12月31日。